私の信じる真言の教え

織田隆弘 自筆

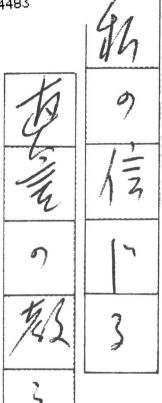

織田隆弘大和尚二十三回忌を記念して

まえがきにかえて～創刊にあたって

従来、密教に対する評価が、迷信視されたり、難解な為、宗内でも、正純な要《かなめ》は説き難いとされ、解り易《やす》い、大師の徳と、遺教の多きに加え、入定の誓願を信仰の基礎とした如き、大師信仰を主とした真言密教もあります。

また修験山伏の行う加持祈禱の様に、九字を切って呪文を唱えるのを真言密教と解す一派もあり、難行苦行をして、神霊天神や、明王の力を得るものを説くのもあり、過去に多くの加持祈禱の本があっても、その教理が容易に判断がつかぬ上に、三密の修法、観念の方法を書いたものを読むと、

「密教は一般人の宗教ではない」

と思われて来たようです。

したがって大師の後には、密教の正意から脱線した者が多く出て、外道《げどう》と変りのない者もありますから、救いの言葉を用いても、反って苦を招くようで、まちがった信仰故に災厄不運のあるのが理解できないで、密教を捨てた人々も多かったのです。

仏教外の宗教の祈禱と、密教の加持法を、同じに考えておるのが今でも多いのではないかと思われます。

これらのことを正視すると「これは何としても、大師の教えを解り易く、信仰によって本当に救われることを説かねば」と常に念頭において布法して参りました。

「三密加持すれば速疾《そくしつ》に顕《あら》わる」との教えが現証されるのが、真言密教の他宗に誇る要点でありながら、これを素通りして、来世往生に大師が導くとか、釈尊と彌勒《みろく》の間に仏がないような教えであったりして、肝腎な大日如来を忘れていないか、とさえ思われて来ました。五智如来は、理論上は説くが、救い下さる大日如来が、隠れていたようでした。

これではいけないと思って、書いた拙書が縁で、受講者の発起により密門会が生れ、機関紙を出すことを要望されてきたのですが、漸《ようや》く機が熟して、会員諸氏のお手伝いによりささやかでありますが、ここに会報『多聞』を創刊することになった喜びは、永く記録されるべきことであります。

一つの事業は、私一人で成るものでなく、真心ある人々の御協力によります。私は、平素説くことに誤りなく、心病身苦を解消する、加持妙力の、変わることない力を実証し、しかも会員各自が、隣人の苦厄を助けるようになることを常に祈っております。

本会は新興宗教ではなく、正統真言密教の忘れられた教えの要《かなめ》を、無限に掘り起す原動力とならんことを願っております。

密教は仏教であるが、この科学進歩時代に最も相応した仏教であり、誤って偏執し切った物質文明と、人の生命を反って危くする薬禍医学に対し、また自我に立つ迷妄の哲学、社会観、教育の行詰りに、改めて勇気ある仏の灯火を掲げ、全仏教徒と共に、同じく反省をして、現代未来に続き益々、地獄に近づかんとする虚構の文明に、如来の智慧光と、大悲の加持力の威大さを、伝えたいのであります。

世界に多くの宗教があり、その理想はそれぞれ立派なものがありますが、同時に社会の目は宗教に対し厳しく見ております。迷信に対しては、寸分の不合理をも容赦せず、価値を認めないのです。正しい科学が進歩する程、宗教の真理性を問われる時代が来ます。

そして、科学が必ず一歩譲る宗教の「要《かなめ》」は実践によって感動を与えるところの密教に在り、しかも永遠の不滅の生命を、此の身に体験して生死を離れて、しかも現実を一瞬も否定し切れぬ現生の、最高価値を再認識するのが、秘められた大日如来の教えである。宝蔵を開いた大師の御恩を深く感謝し、報恩行の大事として、本紙の広まることを希《ねが》う次第であります。

織田隆弘

目　次

第一章　遍照に帰命してゆるがず

初出　密門会会報「多聞」巻頭言

1　儀式と信心

例えば、承久の乱の頃とか、戦国時代のように、社会が騒然として不安定であればある程、大衆にはある絶対的な安心立命の方途を模索する心が芽生えてくると同時にまた、いま受けている現実のこの苦しみから一刻も早く逃れたい、仏様が若し助けて下さるというのなら、お経の理屈は後廻しにして、今直ぐに楽にして欲しいという願望が強烈に燃え上るのも、考えてみれば、当然なことであって、決して大衆を責める訳にはいかないと思います。

そういう民衆の苦しみ焦りをよそにして、独り仏教僧だけが優雅な儀式に明け暮れしていては、仏教は益々民衆の心情と乖離《かいり》して、当然の結果として、儀式密教の興隆は望み得べくもなかったと思います。

もと／＼密教の祈禱は、内外の障碍を払うためのものでありますが、払ったその結果が速疾に顕われるのでなかったら、せっかく密教の祈禱に頼って来た民衆の期待に副うことができず、彼等に失望を与え、延いては信仰そのものに疑念を抱かせる最悪の結果を招くことになります。

私がまだ若かった頃、お坊さんの祈禱が済んだということは即、我が願も亦成就せりとして受けとり、そのお祝に、寺の境内の庭で、祈禱の関係者――親類縁者であったろうか、人々が輪をつくって愉しく賑やかに神酒《おみき》を汲み交わす風景を見かけたことがありますが、その風景は忘れられません。それ程にも、願をかける民衆の期待はせっかちなものなのであります。

それに対して、阿闍梨《あじゃり》がしちめんどう臭い事相の説明をしたり、法具に教理を結びつけて解説してみても結局それは、画いた餅同様に、空腹を充たしてはくれなかった。

密教の伽藍の形式をみてみると、ご存じのように内陣は仏像と法具が並び本堂のスペースの殆どを占めていて、一般の参詣者の坐る場所は三分の一ほどしかありません。こういう建物の中に籠って、僧侶だけが仏と仏の果上の世界を楽しむものであるとしていた時代は、密教はいよいよ大衆と離れたに違いない。

それでも民衆が素直で、仏さまがこのお堂の中にいるんだと聞かされると〝ああそうか、有り難いことだ〟と、お堂の外から拝んで、賽銭を供えていてくれたから、大衆との縁はつながっていたのです。

密教は顕教《けんぎょう》のように信者を一堂に集めて説教をするという習慣がありません。信者の方にも合同聞法の習慣がないためもあって、人集めは顕教に比べるともう一つ積極性がない。こんな訳で、檀家の法要の場が、布教の貴重なチャンスということになるのです。最近になって密教寺院でも大衆の集会を考慮した建築様式が採り入れられ、口説教化に力を入れて来たようであります。

こゝで、祈禱の場所に一般の人々を入れなかったわけを考えてみますと、一つには行者に荘厳さを感じさせるために、内陣を大きくとったこと、もう一つは堂内の神秘性を汚さないよう意を用いたこと、更には、信者が自ら霊感に打たれることを重要視したためであると言えるのです。

また、医療設備も医学もなかった昔は、急病人が出たり、切羽詰まった心配事ができたりしたときは、密教の阿闍梨に祈禱を頼む一方で、自らもお堂の周囲でお百度踏んだものでした。真言を唱え、本尊のお名を誦して、家族もろともにお百度を踏む、この真摯な信心――ひたむきに仏を信ずる心の前には、仏さまもご加護を与えられて、大抵の願は叶えられたのではなかったかと思うのであります。

信者も必死の思いでお百度を踏み願かけをする。このようなとき、やれ儀式だ作法だと面倒臭いことを言っていては急場の間に合わないのであります。儀式や作法をぬいたとて、心から仏さまを信じ、仏さまのご加持を信じて疑わず、一心に真言を称えるとき、無意識の内に加持感応の境地に入っている、仏さまは必ず救って下さって捨て給うことはないんだと言うことを申し上げたいのであります。


（昭和五十二年八月、第二号）

2　自然法爾《じねんほうに》

自然とは、自《おのず》から然《しか》らしむと訓じ、仏教のあらゆる哲理が生じる源泉である。しぜんと普通に使われている意味もこの自然法爾の道理から出ている。大自然の驚異とか、自然科学で理解できない事がおこると不思議という。人間の願望や理解を超えた現象は多々あるし、科学で解明する以前にこの世界がある。

キリスト教では自然を支配する神を立てているので、自然は征服できると思いあがる。彼等は山に登っても征服したという。東洋人は山そのものに自然への感謝をこめて頭を下げる。自然と対立しないで融合するのが仏教徒である。教会の周囲には樹木がないが、寺は樹木に囲まれる。大自然も精神界もみな自然の道理に自《おのず》から然らしめられて現行《げんぎょう》している。一神教の如く全能の神がこの世を造った訳でない。いつ始まったか解らぬけれどもこの世はある。六大無碍にして常に瑜伽なりで、動いて止まない。自然の道理に頭を下げるから超自然の神を無理に立てる必要がない。自然から生れ、自然に帰す。自然は我々が安心して帰する大道である。

自然だからといって何もかも努力を捨てる運命論的な冷たい理とは異なる。若し、それらと同じならば自然外道《じねんげどう》である。

自然には仏の衆生を救わんとしてご苦労なされている大悲が流れている。只単に自然の理を悟るのではない。自然の理が解ればそれだけでは済まされなくなる。自然には形はないが、仏の深い大悲が働らいている、その姿が自然なのである。科学上の自然の理なら感謝も感激もないが、自然の道理は我等を助けんと生きて働いている。

仏教の言葉は全部動詞である。如来といい、加持といい、因縁といい、業などというも、みな仏道を成ぜんがために動いて止まない。そこが哲学や近頃の仏教学と違う点である。

あらゆる仏教用語は自然に生れ、衆生を救わんとする大願を持っている。活きている言葉を聞くには、感応道交しなければならぬ。つまり現在只今自分自身のために説かれているのだという気持で聞法をし、真言念誦をしなければならぬ。公明正大、平等無差別、広大無辺なる真理を、貪瞋痴《とんじんち》に毒されているこの手で摑もうとしても摑める訳がない。自然の道理に逆らっては不可得である。摑もうとする念が尽きるとき、逆に法の方から自然と開けてくる。求めずとも得ることができるのである。

何故なら己《すで》に自然の道理が我を救わんと働いて下さっているからである。

自然法爾について親鸞聖人が簡明に説かれているので、次に引用しよう。

自然法爾の事

「自然」というは「自」は、「おのずから」という。行者のはからいにあらず。

「然」というは、「しからしむ」ということばなり。「しからしむ」というは、行者のはからいにあらず、如来の誓《ちかい》にてあるが故に「法爾《ほうに》」というなり。法爾はこの御誓なりける故に、およそ行者のはからいの無きを以て、この法の徳の故にしからしむというなり。すべて人のはじめてはからわざるなり。このゆえに義なきを義とすと知るべしとなり。

「自然」というは「もとよりしからしむる」ということばなり。弥陀仏の御ちかいのもとより、行者のはからいにあらずして、南無阿弥陀仏とたのませたまいて迎えんと、はからわせたまいたるによりて、行者の善《よ》からんとも悪《あ》しからんとも思わぬを「自然」とは申すぞと聞きて候。

ちかいのようは「無上仏に成らしめん」と誓《ちか》いたまえるなり。無上仏と申すはかたちも無くまします。かたちもましまさぬ故に「自然」とは申すなり。かたちましますと示す時には、「無上涅槃」とは申さず。かたちもましまさぬようを知らせんとて、はじめて「弥陀仏」と申すぞと聞きならいて候。弥陀仏は自然のようを知らせん料《りょう》なり。
この道理を心得つる後には、この自然のことは、常に沙汰すべきにはあらざるなり。常に自然を沙汰せば、「義なきを義とす」ということは、なお義のあるになるべし。これは仏智の不思議にてあるなるべし。
正嘉二年十二月十四日　愚禿親鸞　八十六歳
（『末燈鈔《まつとうしょう》』）より
（昭和五十二年九月、第三号）

3　信仰者

宗教の実践は先ず信心から始まり、信心に畢《おわ》るものと云えましょう。

宗教と言っても、世界には多くの教えがあります。特に多いのはキリスト教と回教で、仏教もアジアに深く広まっております。特に仏教以外の宗教は一神教と申しまして、唯一の宇宙創造神を崇めております。キリスト教ではゴッドを全智全能の神として信仰の対象としており、その神の子としてキリストを救い主としております。そのキリスト教もたくさんの教派に分裂して、それぞれ布教伝道を事としています。何れも異教を邪教扱いして、中には他の宗教の教師にさえ、即ち仏教寺院の我々にさえ、その伝道本を売りに来ることは一再ではありません。正に盲蛇におじずであります。熱意は認めるものの、常識では理解しがたいところです。

私は修道服を着たシスターさんが本を売りに来ると、御苦労さんですという挨拶の言葉を以って礼儀とするのですが、大方目的成功と思うらしく、その顔の表情は明るくなります。が、次に私は彼女が本を買って下さいと申すのと引換えに、それなら仏教の本も買って下さいと申しますと、急に暗い表情で黙して帰ってゆきます。

まだ回教徒と接したことがないし、またその教義の研究も致しておりませんが、その教徒の歴史を見ると、いかに排他的で、仏教の如き広い慈悲の心と寛容性が希薄であると思われる事は、会員の皆様も同感なさるでしょう。

さて、これらのことを踏まえて考えると、このような態度に出る根源は、その教えによる、唯一神の力を信ずることにあるのでしょう。それなりの哲理は教えられても、理論が先に立った信仰者では、普通人には考えられない行動をとることもうなずけます。

要するに、自分たちがいただく神は唯一絶対であるという信仰の力がそうさせるのです。信仰と申しても、仏教の指す信心の内容とは大きな差異があります。信仰も曲った信心では狂信になり、脳の働きさえおかしくなる危険があることは、仏教経典で強い警告を出しております。

私等に信心の大切なることはここに申上げるまでもない程で、仏教の救いの要になるのですが、同じ信心でも狂信にならないのは、信じる教えの対象が真実であるからです。いかに仏教徒でも、このことを誤ると、本人は信心のつもりでも、危険な結果に至るのです。

仏教に各宗あり、大別して聖道自力門と他力易行門の教えがあります。聖道門即ち自力修行門によって禅境に達して解脱する、成仏される程の勝れたお方、三世通観十界照見の仏智を開かれるお方は真に尊く羨しい限りであります。

ところが、そのような方は聖道自力の聖僧多しと雖も数える程しかおりません。昔はともかくとして、今日現在を正直に尋ねた場合でも、自力の聖者がどこに在すと知らせて下さる人はありません。吾が真言密教界に求めても、真に残念ながら、一人として聞くことがないのです。私は世に喧伝される四次元の世界を知りません。現に住している三次元の世界ですら満足には知りません。ましてや六次元の世界があるということを聞くと、それがもし真実なら益々私は盲人同様だと反省して、自らの業障の故の凡愚さを感じて懺悔の他はありません。

大師のお著書を拝見しますが、親切に解り易く説いた『大日経』の引用にしても、『声字実相義』『即身成仏義』にしても、唯信ずるのみです。理解の及ばぬ凡智でありますが、教えの如く信ずる喜びを頂くのみです。識界の中に曼荼羅界の諸仏を感得したこともない私です。唯六大法界身の価値を方便を以って開示されたことを信解しておるばかりです。種々の観想も及ぶ世界ではありません。もし私が曼荼羅界の諸尊が照見ができる身であれば、何と素晴らしいことだろうかと思いますが、如何なる魔に魅入られるかも知れぬ私では、それも危険この上ないことでしょう。

もし密教が、聖教の如く現実離れした、六次元の世界に通達する機（人格者）

になる教えであれば、正にその身は生き仏と申せるお方で、これこそ自力聖道の上根上智の稀に拝まれる勝れた因縁の生き仏と申せることでしょう。

ところが、私の信じる真言の教えは、そのようなことを教えるものではなく、凡身即ちこの身の罪の自覚に目覚めること、そしてこの自力の及ばざる者に、絶対慈悲を与えられておるという教えであり、この教えを信じ持す外はないのです。

迷い、病むのは人間なれば当然のことです。が、この当然のことを変に思って、何のために己は苦しみ不遇に泣くのかと、不満一杯の心で、我がこの悩みを解決する方策を、或は東、或は西、また南北に求めるのです。迷える我が、これぞと思う世間の救主に求めても得られず、苦を重ねておるのが実態でありますが、それは求め方が誤っているからです。幸に真言密教の法に縁を頂き、大日如来の方から私等に向けられている絶対大悲の教えに遇うことができると、一応の方便の理法を聴聞するようになり、外に利益を求めていた不平不満の我心を深く懺悔し、信ずることを無上の法門として感謝の生活を頂くことになるのであります。

けれどもそれによって、私等の現実生活が、殊更に金が湧出したり、また百歳の長寿を保つことになったり、常に無病無憂の生活を送れるようになるものではありません。現実生活はそれ以前と同じでありますが、しかし、忍耐をよく知り、布施心に自ら楽しみ、悪を恐れて親近せず、働く喜びを知り、そして仏の教えの聴聞を楽しみ、反省力を失わないようになります。喜怒あり哀楽は残りますがそれは他人のために起る喜怒哀楽に進展するようになります。
ここでよく信の友の中に似て非なる者もあることを思い出します。それは要するに菩提心のないものが巧妙器用を以て人をして信じ込ませ、やがて後には魔性を現わすことがあるということです。正しい信を得た者が、教えの裏道を画策することはあり得ないものであることを想起して、正邪の区別を忘れないことであります。常に「多聞」で魔の手引に負けないようにすることが大切なのです。

（昭和五十四年十月号）

4 阿闍梨《あじゃり》と神父と奇蹟

最近キリスト教信者の古老のお話を聞きました。神父は奇蹟を行なう者なりというのですが、このことを少し考えてみましょう。

キリスト教のバイブル、即ち聖書を開きますと、創世記を首《はじ》め、旧約聖書の内容は悉く奇蹟の記録で、私等仏教者が読むと唖然としてしまいます。よくも文明国と言われ、先進国と称する国の人々が信じられるのかと思わざるを得ません。八十歳の老女が子を産んだとかいうのは御愛嬌としても、キリスト教徒は、大昔の神の全能力を信じるから、その神の教えとして愛を信じ、後には「神は愛なり」とまで発展するのですが、キリストが行った奇蹟について最もよく信じておることが判ります。

キリストの行った奇蹟には、病人を癒した記録が多く知られております。神の能力を誇示する原因にもなりましょうが、しかしながら奇蹟を行使する、神の子キリストの霊徳は、真に深い愛の賜物と言って良いでしょう。このキリストの人格、愛の霊徳を敬仰し信ずるのがクリスチャンです。そしてキリストの代役とする誇りを持つのが神父さんです。神父の愛は信者の病悩を救い治すものとするのです。如何に聖者を説いても、神父自身が愛に徹しなければ、単なる理屈屋に過ぎません。巧みなお説教も、愛と正義と道徳教を語るに止まります。道徳教の咄し家化した神父さんが多いのが実相でしょう。

キリスト教徒の思想運動の中には、左翼化した運動を多く見るのも、富の平等は人間平等即ち同じ神の子に差別があってはならないということから、現体制に反対し、革命化をも計ることにあるようです。これは神秘力を知らず、精神とは要するに考え方の問題だとするからです。こういう考えですと、社会改善はよいのですが、革命まで思うようになり、こうなると、甚だ危険の多いことになり、寧ろ神に全智全能の力があるのなら、血を流さず、或は破壊なしに、平和のうちに改革が行われるでしょうし、そうでなければ、神の責任を疑うことになってしまいます。神は何故に革命を計らねばならぬ程悪い社会を造ったか、キリスト教者はよく申します。「戦争の悲惨さ、敗戦国が死傷者を多く出し、財を失った悲しみが大きい原因は、人が神の意に反したためである」と。

ここで私等仏教徒と異なる感じを受けるのです。

キリスト教の信仰目標たるヤーヴェ即ち全智全能の神は、造物主と言われておりますが、この造物主が世界を造り、原人アダムとイブを神の姿に似せて土で作った。その土にて成った人に、神の息吹を吹き込んで人間となったと言うのです。神は自由に自らこれを作ったのですが、この二人が神の造られた男と女であったわけです。残念ながら、神は何の必要のためにか、禁断の実を作って置いた。この禁断の実、つまり神の喰うべからずとしたものを食べたが故に、男は働かねばならず、女はお産して忍ばねばならぬ罰を与えられたというのです。

このような神話は、仏教の縁起論とは真逆の教えになっております。仏教は宇宙創造神を認めませんが、キリスト教では、この宇宙創造神があって、種々様々な、超自然的な大奇蹟を説くのです。キリスト自身の行った奇蹟は、唯一の神の子たるキリスト故に現示されるというのです。これがキリスト教の根本的な考え方でしょう。したがってキリスト教では自分の外に全智全能の神がある、それは宇宙を創造した唯一神であるとして、他の神を認めず、多くの民族が神として拝む神を神としません。それればかりか仏教を偶像教とさえ申します。それらの神は魔神とするのです。此の点が仏教の「無神論」と異なります。

仏教はキリスト教的な意味では無神論とも言うべきものですから、奇蹟を求めません。密教は少し事情が違いますが、とにかくキリスト教とは相反する教えとも言うことができるのです。したがって仏教国日本では、「奇蹟」（注・天地創造のように無から有を生ずるような奇蹟ではなく、自然の道理に叶ったもので、常識では説明つかぬ現象があらわれることを意味する）を行うことと、このキリスト教のような天地創造の神を拝むこと、ひいては「奇蹟」を行うことを混同してしまい、密教の祈り、加持までも迷信として却けてきたのです。事実、顕教《けんぎょう》の仏教学者は、密教も無神論として成立しておるのを認めようとせず、恰《あたか》も大日如来の思想は、キリスト教の全智全能の神の如き見解によるものではないかと誤認している仕末です。故に明治、大正の仏教者、否昭和の初期に於いてすら、仏教界では真言密教を仏教の中の迷信、異端者のように非難した浅薄な学者もあったほどです。マスコミに至っては今日でもお話になりません。

ところが皮肉なもので、真言密教の世界でも、真の阿闍梨たる者で加持による奇蹟を行う者が少くなり、祈禱は行なわれても全く儀式化してしまいました。如来の慈悲の表徴としての表現が祈禱法要の儀式になってしまって、実際に目の前に悩む者の苦痛を取除くような、事実としての加持施法は、高位の僧、大阿闍梨となった者でも行なうことがない、否知らないようになったのです。

これはまことに悲しむべきことで、腹立たしくなる現象です。全く教えを無視した現実が続いてきておるのです。それどころか、祈禱は下位の行者や山伏の行なうものとして、正純密教の大阿闍梨はそのような行者的な、はしたない行為はしないものであるとさえ考えています。全く法の如何なるものかを知らないもので、これがまた常識化されて、一般信者も檀那寺の人々も、このことに就いては不問とし、こうして段々年を重ねるうちに、真言宗も他宗と同じく葬式法事の外には熱心に行なうことがなくなったのです。

真に残念なことです。遂に密教は、行者の信仰と同様に悟りはなく、また悟りは奇蹟と関係がないものであるかのように考えるのが常識となって来ました。

ところが一方、高《こう》野《や》聖《ひじり》の関西方面への感化力と四国霊場の僧方の新しい感化力とが、大師信仰となって現れました。恰もキリスト教で、イエスの行じた奇蹟を信ずる結果、キリスト即ち救世者はイエスであると称されたと同様に、密教では大師の伝説が過大創造されて、これを信じる事が即ち密教の信仰であるとされたのです。これが解り易い、現世利益信仰となったのです。したがって密教に対する一般信仰は大師信仰として布教して、布教師自ら加持力を示すことなく、信者が一応にお大師さまを信じれば奇蹟を頂くのだ、頂けるのであると説いたのです。

戦後特に四国巡拝が盛になりましたが、その原因の一つには、新興宗教の勃興が、従来の仏教徒が昔から信仰していたお大師さまを改めて信ずる気持に向けたという一面もある訳です。また行者さんの力も大きく寄与したことを見逃すことはできません。

豊かな日本人が観光を兼ねた霊場巡りをするのもまた素晴しい行いです。変な遊びや散財的遊山と異なり、霊場に足を向け、踏み入れただけでも、今迄知らなかった数々のお蔭があるのです。新しいもの、古いものでも、大きな心の力、信心の力を発見するのは、大変良いことです。

信仰はこのように、私たちの先徳の遺《のこ》した方便によって、心を磨く機縁を与えて下さるものです。私達はこのことをよくわきまえて、方便と真実とを間違うことのないようにしたいものです。


（昭和五十四年三月号）

5　信仰の第一歩は

　宗教の種類は多く、仏教各宗派に加えて、仏教系の新興宗教は数えきれない程で、毎日の新聞の宗教欄を見るだけでも、いつの間に生れた宗教なのか知らない教団が多いのに驚くばかりです。

　仏教各宗には伝道部があって、布教師が任命されて諸地方に派遣されて、本山からの立派なお坊さんのお話を聞くように、檀家信徒に案内が来ます。

　元々布教師なる名称は仏教各宗にはなく、特に浄土真宗が始めて制度化したものと聞いておりますが、明治以降、真言宗でも布教ということを必要とされて、したがってこの布教師の養成、練習所があって、いかにすれば聴衆が聞いてよく理解できるか、或はよくあきずに難しい教えを解らせるか、ということで、この話術をも研究して、大体三つの原則的発想で話を綴り、同じ話を三十回語れば一通りよくしゃべれるし、人を感動せしめるには百回語らねばならないと云われたものです。

話の構想には、法・喩・因と申しまして、法とは宗旨の教法のことで、経典に在る仏教法語、宗祖のお遺しになった著書・文書などを云います。

喩とはたとえのことで、仏典を開くと必ず教理を巧みに、小説化した物語り風に喩え話が説かれております。例えば浄土教の重要な原典となっている観無量寿経・阿弥陀経の極楽の様子や、また法華経の中の長者窮子《ちようじやぐうじ》の喩話や、羊鹿牛車の喩によって、仏縁のない凡夫を仏道へと導いている。後者は娑婆を火宅で喩え、現実社会の無常観を教える快心の作であるとして、仏教経典の中でも特に有名であります。即ち理屈のみでは聞く側が理解し難かったり、聞いて睡気が来ないように劇化して説くことが喩であります。

因とは因縁話のことです。やはり一つのテーマの中に事実としてこの世に起きた実話が、因縁話となるというのです。確かにこのようにして一つの教理を心から信じさせ、感激させるのが、この因縁話であったようです。

以上の法・喩・因によって、布教師が信者の心を、又耳を捉えるために、工夫練習したものです。実際に大衆を信仰に導く為の口先の技巧は、確かに効果があった訳です。特に浄土真宗では、信は聞法《もんぽう》より生れる、信を引き出す力は説教にあるのだ、と言うのです。真宗では著名な説教師があり、更に飛躍して、講談説教師が多くの人を集めたものです。今日でも話芸の源流として「節談《ふしだん》説法」がレコードやテープに録音されて人気を呼んでいる程です。

ところが聖道門とされる禅宗や私等の真言宗では、お説教は余り重視しないできた。密教では説教を口業《くごう》とした。密教の布教力は、身業《ごう》説法と申して、宗教は人格なり、或は意業説法として、心の偉徳を示す加持力の妙果を、目で観せる程の教化力を重んじたものでした。雑密《ぞうみつ》たる修験道《しゅげんどう》に於いては、口業説法よりも、法力の験《しるし》を以って感化力があるとして、山伏にあってはその修行によって得たる法力の験を示す、競験をする程の熱意があったことが伝えられております。口先はとかく一時的なる噂や虚言者があって、巧みに信仰の名の元に悪を裏で行なう者があるから、お説教を必ずしも最上の教化力としないこともあった訳です。

宗教上の競争競験とは恐れ入ったものです。正純密教ではこのようなことはしないのですが、しかし、現今では布教師の間では、競演同様なことはあり、説教大会、講演大会が行なわれたことがあります。恰も青年弁論大会でその論旨と、話術、態度を採点することと同じことであります。

明治になって、長い封建時代の幕が開けて、自由人権が許されたし、戦後は特に民主主義となって言論の自由と表現の自由が競うと云うより、激化している現況の中では、お寺で本山の説教師即ち、特派布教師のお話があるからと申してもなかなかその集りは期されなくなった。つまり口業説法では、お寺さんよりも、社会の説法とも云える講演会やテレビの映像、或は新聞雑誌の記事活字が洪水の如く多いために、昔の如く知識欲が満されない時代は、お寺の催しのお説教は盛んであったが、現今は、余程の根回しがよくなければ集りは少なく、花より団子の如き配慮が必要とされる実情であります。そこには大僧正のお話も、布教師の話術にも、聞いて尊い信仰心を引き出し、或は感銘を与えることは難しく、上手なお話として聞く、いわゆるありがたいお説教は希にあるが、信仰のお蔭の尊さ、無形の価値の偉大さを悟り、菩提心を起こし、身・語・意の三密の仏果を拝むに至ることを得難くなったことは、まことに残念なことであります。

　いわゆる善知識に遭遇できる人は幸せであります。私等は「多聞」であると共に正邪の判別をして、自らを磨き、世人をも正しい方向の友とするような努力をしたいものです。邪法の中には身業説法とも云える、低級な神霊との交流や、憑依霊を用いる者がありますが、それらを妄信、過信して、後々の悔いを残さないようにしたいものです。

　また書物の内容が、棚ボタ式の効果を広げて、自ら体験もないのに、さも達人の如く見せる表現には迷わぬようにし、口業よりも、身業、意業説法に真実を得るようにしたいもので、その時首《はじ》めて口業説法に光を見るに至るものと存じます。正しい信心の基礎の第一歩は衆善奉行《しゆぜんぶぎよう》、諸悪莫作《しよあくまくさ》の外ないのです。

（昭和五十四年七月号）

6　信心向上の証に精進力生る

道元禅師や明恵《みようえ》上人の如き菩提心の清純な方は天性的な上根のお方であろう。実社会の俗塵を離れて仏典に親しみ、暗いうちから入堂し暁に禅室から出づる程の坐禅瞑想、更に作務も堂塔の清掃から農耕に至るまで仏作仏行に専念し、それに持戒堅固である。昼の参禅、夕の禅床に登り、或は山中の石上に坐し、花鳥と語り、風月を賞する生活こそ、衆生済度の真骨頂かもしれない。数百年後の今日に至るまで、その人格聖容に思わず頭が下がるほど、仏教徒の常に敬うところである。

問題は末世の現代の実生活と環境に生きる、末徒たる僧の勤めはどうなっていくのか、ということである。これは独り禅門のみならず、密教徒も同じことである。民衆との接触なしに、行者自身が修法の時間と自由を与えられても、果して先徳、諸禅師方の跡をそのまま行じられるかと言うことである。

仏は方便を以て、末徒の救済にさまざまに菩提心発起の方法を提示された。聖道自力に進めぬ者のためには浄土の門を開き、或は現世利益の功徳が現れることを信じさせるため、祈りの真言、又は唱題行を説いた。求める人々に、その因縁、機根に順じて、法悦歓喜を得せしめるのは、これみな如来大悲の方便の賜である。

仏教界の理想と建前は、どの宗旨、教派に於いても、勝劣のあるものはない。それぞれの立場に於いて最大の理念と救済の道を掲げるものである。

けれども、本音はいずこも同じく、どうしたものか檀信徒は宗門の理念に乗らず結局成仏の実践道に於ては、今一つ熱意と不惜身命の修行心、或は信心の報恩念仏行が少ないようである。既成仏教界の不振は、正直に言って互に反省せずにはいられないはずである。

ところで、日本の憲法は信教の自由を保障している。これが宗教の自由ならまことに結構なのであるが、実際は邪教の自由化ともなっておる事実は、一体宗教とは何ぞやと言うことを再考したい思いである。

政府は宗教と邪教とを区別しないで、宗教は皆平等で、無差別尊重が真の憲法精神であるようにさせてしまった。これは独り私のみの考えではないと思う。

一体邪教が続出する原因は、他の宗教はさておき、既存の仏教者が、釈尊の教えを信受し、仏徳として当然備わるべき仏力を示さないことにある。高尚にして理路整然たる説教講演はあっても、それだけでは、南無する心が湧かない者が多くなりつゝある現代である。一方では、難病に泣く者は、浄土の楽土なること、仏は慈悲心なりと百の説法を聴かされても、今この己の苦痛を抜いてくれなければ、尊く有難い教えではあるが、心から合掌のできないところに問題がある。既成宗団教師には、現代人を教導し、成程と思わせるものを行使していないと言うに尽きると言えば叱られるだろうか。

今迄の小理屈を去り裸になって、なし難いと言うより行じなかった禅境を改めて、真の仏道修行を日々の義務とすべきでないかと思う。

社会の仕組は成程簡単ではなく、さまざまな用事があるが、朝の一時間から二時間、夕の一時間の禅床を暖めることができない筈はないのである。この場合、障りになるのは、肝腎なる禅境に入るには、雑念妄想に追われすぎることと、この修行があっても、果して檀徒、信者に何か影響するものがあるのかと言う疑念でないかと思う。仏道修行が直ちに功利的果得に通ずると思うのは邪行であるが、自利利他・上求菩提下化衆生が仏教の要であることは言うまでもない。

念仏門にしても同じである。或は信にそった親鸞教にしても、感謝報恩行が薄いのは、如来の本願力を信じていないからである。

私は密教徒の一人であるが、他の顕教諸教ではタブー視するところの現世利益に取組んで、人々との結縁を求めて来た。小さな苦厄ながらも救われたいと願う人々との連がりによって、僧としての精進力に力を得ておることに気がつくのである。

僧侶の仕事でも、葬式、法事——厳密には、精霊の引導、魂の業縁の滅罪、解脱得道の観法には強い信念をもって立たねばならぬ。が、人によっては、死者には言葉なく、再生もない、それ故、人世の悲しみの最たる永別の儀式として読経法式を行うに過ぎないが、それによって施主の悲しみが少しでも慰められれば、この上なき聖職としての満足感をおぼえるだろう。ここではそのようなことを指すのではなく、いかにすれば僧侶がよく精進し禅境に進み、修行の喜びを感じるか、少くとも修行の価置を認め精進すべきであるとの実感を湧かせてくれるかということを言いたいのである。

僧侶の仕事の中で、現世利益の加持三昧程、責任感と同情慈愛を必要とするものは恐らく他に得難いと思う。但し、単なる形ばかりの御祈禱であれば、これは別である。責任感も、喜びも感じないで、儀式執行職で事足りるのである。別に聖境も何もない、通り一ぺんの儀式が多いからである。お利益があろうと無かろうと、要するにハッタリではないかと思う者さえあるようだ。尤《もっと》も求める信者には真剣そのものの人もある。正に人事を尽して、及ばぬ力を神仏に求め祈るのである。この意味での修行を真正面から受けとめた人は、やはり責任感が強く精進努力を必要なりと感じている訳である。密教で天部諸尊を祀り求める場合は、赤心をもって供養し、仏位に立って慈悲を施す所以である。

さて、この加持三昧の中味のことであるが、師僧、阿闍梨の伝法によって或は特長差異はあるかもしらないが、少くとも正純密教に於いては、一貫した三密加持瑜伽を忘れてはあり得ない。

近来若い者は、科学的立場の勝手極まる宗教観に毒せられている者が多い。即ち、宗教はその教師の行ずる儀式作法によって起こる心理的影響により、病者が好転する場合も認められるが、かと言って決定的なる救済力とはなり得ないとしているのが常識のようだ。

僧侶にもこれと同じ考えの者が意外と多いのに驚くことである。特に密教外の僧侶は大方そのような偏見をもっているようだ。いわば僧侶は、仏教の使命たる衆生済度とは、過去の先徳の言葉のみであって、末法の現在には適用されないものとさえ考えて、儀式執行職に汲々としているのではあるまいかと疑われることがある。

明確に述べよう。仏教の禅境は必ずしも凡慮を超えた仏智の脳細胞が発達するのみでなく、如来の慈悲が必ず第三者の生命に大きな影響を与えるものであるということである。早い話が、科学者が奇蹟と称し驚くようなことを、日常茶飯事として示現することは必ずできるものということである。決して本能的超能力を生れつき有する特別な人間だけが行なえることでなく、正しい如来の大慈悲を信じた人は誰でも行ずることができるという真実の道なのである。

しかも仏教者であれば、宗旨に関係なく、各々の宗旨の立場に立って、仏の真実義を得た者が、信者方のために施し得る法徳は、随所に於いて、三宝の一たる僧侶の慈悲心として、必ず証を示すのであって、私はこれを空海の九顕十密《くけんじゅうみつ》の大哲理から言い切れるのである。

密教は、雑密《ぞうみつ》のために乱れた解釈がなされているから、正純密教こそ奇蹟の源であることは信じ難いであろう。寧ろ、顕教であっても、まこと自宗に立ち、如来を信じ或は禅境、空に触れた僧が、新しい関心をもって深く聞法されゝば、必ずしも密教僧ならずとも会得できるはずのものである。

拙著『親鸞と密教の核心』はおそらく従来の仏教常識から判断すると、奇異な思いがするものと思う。

蓋《けだ》し、日本仏教が宗派仏教としてそれぞれ別立し、特に親鸞教と空海教とは正に正反対の感をもってみられる程に、法の扱い方が異っていたからである。けれども冷静に熟慮すると、釈尊の成仏道に、根本的差異のある筈はなく、よくよく経典を読み返せば、正に一味《いちみ》乳水《にゅうすい》(注)の法の和光をいやでも悟ることになるだろう。今日まで入信、聞法した僧侶は感激を以って、自利利他の法悦と実証を体験しているに違いないのである。信心報恩の真言行に一日一日、一行一行、一念一念に力強く積みとげることになるからである。勿論、この時の大事は世間の果報を忘れてこそ一層の成就《じょうじゅ》を期待されるのである。
（昭和五十四年四月号）

㈟　**一味乳水**　性霊集巻九「高雄の山寺に三綱を択び任ずるの書」に、〈僧伽は梵名なり。翻じて一味和合という。意を等しくして上下諍論無く、長幼次第有り。乳水の別無きが如くにして仏法を護持し、鴻鴈の序有るが如くにして群生を利済すべし〉とある。

7　隠された真人

人間社会はいずこの人でも共通する弱点は相通ずるものです。それは仏教で説く三毒の煩悩、即ち貪欲《とんよく》、瞋恚《しんに》、愚痴《ぐち》のことです。人間がもつ多くの欠点は、みなこの三毒から派生していきます。これは高位高官にある人も教育にたずさわる人も政治家も同じで、お恥かしいことですが宗教家でも同じことです。私自ら省みて、人前や筆の先ではカッコよく見せようとしたり、沢山ある欠点を少く見せようとしたり、多少とも誇れるようなことがあると顕示欲を起しては世間から見捨てられまいとする。受けた高恩に対しては、ひそかに感謝はしていても報恩の機会到来と思いながら実行に至らないことが多いものです。

そのくせ人に与えたり貸したりしたことは随分昔のことまで忘れないものです

が、受けた恩の数々はいつの間にか忘れ去ることが多いのです。親の恩でさえ忘れる今日、他人様の恩は文字にさえ書けない世相です。
古歌に
落ちぶれて袖に涙のかゝるとき
　人の心の奥ぞ知らるゝ
とあります。
自分が不運続きで落ちぶれたとき、自力で立てなくなったときに、受けた情けは深く感じるものですが、ひるがえってみて、人から助けを求められてこれに手をさし伸べたことがあっただろうか。
人を助けるということは物質的には本当に損をすることです。私の父はよく人を信じては騙されたと、母は物語ってくれました。というのは、父がまだ若い頃、ある親戚の者に頼まれて連帯保証人になったばっかりに父は家も土地もとられる破目になった。他の親類がこれを見かねて、父の本家に助けを求めに行き、やっとのことで救われたのだった。その後、父はそのときの苦痛が身にしみて、人の苦しみを聞くと、つい同情するようになったのでした。だから命取りにならない範囲で援助してあげたが、中には死に金になって返済してもらえず、〝あの金が返っておれば子供達―即ち私たち―に欲しいものを買ってやれたものを〟と母に愚痴られたらしい。事実我家の生活は決して経済的に余裕を感じさせなかったし、貧乏程辛いことはないと、一所懸命で家業にせいを出したものです。

「人に騙されても、人を騙してはならないよ。騙された人は努力すれば立ち上れるが、騙した人は最後は哀れな最後が多いよ」とよく教えてくれたものです。

私は父のこの教訓を信じてきましたが、信じた人に裏切られることが重なってくると、もはや人を信じる気持に慣れない筈なのに、それでも信じたがるのは性格のようです。

私は嘗《かつ》て、全く未知の人に信用と援助を頂いたことがありますが、あれはこっちが幾らか人間的に成長しておったのか、などと思ったりもしています。

人に手を籍《か》すとき、何か〝虚飾〟といったものを覚えます。人に力を籍すときに、これで彼が成功したならば何か酬いるに違いないという期待感が、かすかではあっても何処かにあるからです。これが裏目に出て捨て金になったときは相手の不実を叩く我が心の姿を反省することがあります。要するに己の中に隠している欲心があるからで、醜い我が心情を恥じることになります。

かと申して、人に頼らず人をも頼らせずの孤独冷淡な人間になるのも哀しいことです。仏眼からみれば、すべては因縁なくしては現出しないことです。恵まれてはいるが布施の心もなく協力心もなく甚だ自己本位で計算高い人がいるけれども、こういうのを羨望の目でみてはいけないと思います。人は苦労を体験してこそ真の人徳が磨かれるのです。

仏はその教えの中で最も尊い徳行は施しであると説かれています。布施の心が根底にあって初めて財施も親切を汗で与える協力もできるのです。

併しながら施す相手と事柄が、果して施すに価するか、これは大切な問題です。

躊躇することなく施してよいのは三宝《さんぽう》に布施することで、これは真実な布施となり、供養になるのです。三宝とは仏法僧であり、正法が正しく広まるということに布施し、協力することを三宝に布施するということです。こういう人の多い社会は住みよいのです。たゞ問題なのは、僧侶も三宝の一つであり、これこそ生きた仏であり、生きている法の表現体であるべきに、僧にもいろいろありまして、真偽を見分けるのにご苦労もあろうけれど、平素から仏教をよく学ぶことによって、識見がそなわり、真人たる僧を選んで供養することができるようになるのです。

（昭和五十三年二月号）

8　菩提心と勝縁

現代の日本は思想の乱立時代であり、同時に心と価値観の多様化の時代でもある。しかも現代の我々日本人は何の気兼ねもなく自己の信ずる宗教を選択できる幸せな民族である。

実に無数の宗教が共存している訳であるが、種類と年輪と質の点で現代日本の宗教に対しいろいろの評価がなされている。まず一般に「既成宗教」といえばその中心を占めるのは奈良仏教、平安仏教、鎌倉仏教と呼ばれる諸仏教であり、更に江戸時代から明治の転換期に生まれ近代社会で発展をみた教派神道がある、その上、第二次大戦後三十年における新興宗団に至ってはどれだけあるか判らない位である。とにかく「宗教」の定義が不明確である。

文部省ですら「宗教的儀式を行う団体をいう」という程度の全くお粗末なもので、各教団が適宜に、何々神、霊、仏といった本尊を設け、これらを信仰し、祭式や宗教儀礼をとり行い、一定の申請手続を経て承認されると一様に宗教法人法により利益を享受しているのが現状です。

昔話になりますが、宗教類似団体が仏教寺院と同等の扱いを受けられるようになったのは「宗教団体法」という法律が制定されてからなのです。当時のお役人達は宗教の何たるかを、また仏教の哲理の深さを良く知っていたので、単に神仏を本尊として、もっともらしい教理を説明されても、真の仏教とは明らかに一線を画していたのであります。

ところが尊い真理（法身仏）を本尊とし、衆生済度の方便に奉仕する在来仏教までが国家の保護に甘えて、単に立教開示の歴史的伝承、祖師方のご偉徳を切り売りするだけで、菩提心を忘れ法要を主業務とする僧侶の増加により現代の民衆は仏教より離れていった。

一方新興宗教が現代人を引きつけたもの、それは激しい生存競争にあけくれる一人一人に心の支えを与え救われた喜びを実感させ、その喜びを第三者に分け与える布教の行動へとかり立てていった結果が戦後三十年間にみられた新興宗教の飛躍的発展の事実であります。

閑話休題、この辺で本論に戻りましょう。人間は誰しも煩悩の固まりです、だから邪教をも真理と誤って信ずることもあります。しかし世界中の宗教の内、正と邪の正しい判別基準をもった教えは仏教の外にありますまい。即ち人間には正法と邪法を、審判する資格はありません。仏様がお示し下さるのです。仏とは真実の道理を象徴したものだからです。我々の煩悩が邪心の母体なのです、我々は日頃軽がるしく煩悩とか悟りとか申しますが、これは単なる講習で滅したり得たりできるものではありません。

即ちこれは菩提（悟り）心に依って映し出されるもので、菩提心を伴なわない宗教心とは全く空虚なものです。従って世間に割りに多い心霊現象を、真理の働きとか、神仏の存在の証拠と誤解する訳です。人間には常に多くの悩みがありますから、何かの機会に病気が治ったと錯覚するとか、未来への追及心に対する安心立命を得たと思う瞬間的な経験をもつこともあるでしょう。しかし所詮それは「悟り」といえるようなものではないことに気付くものです。

勿論我々が気付こうと気付くまいと常に如来様が大悲をお働きかけになっておられるのですが、悲しかな菩提心の乏しい我等は結局気付かずに過してしまっているのです。

多くの人が信仰に入るきっかけは病気とか人生での失敗とか逆境がもとで入信する訳ですが、その結果として正法《しょうぼう》（特に正統密教）に出逢うことのできた者にとっては「勝縁」ではないでしょうか。世に仏教を説く人は多いが、真の仏者は少くとも「十善戒」を守り、深い懺悔心《さんげしん》をもつべきであり、更に菩提心をおこせば勝縁の結果として必ずや正師に遇うことができるものです。読者の皆さん、真実の幸せとは何かと探求する心をおこして下さい、即ちこれが発菩提心となるのです。

（昭和五十三年六月号）

9　真言行と雑念

よく密門会会員の諸賢から、真言念誦《しんごんねんじゅ》実行に困難な心相を訴えて来ることがあります。

この質問は、恐らく入信者の誰もが二度も三度も嘆くことであり、正直な気持からだとお察し出来ます。私自身も同じく多年に及んで味わった道程でありますから、よく承知出来るところです。

もっとも、講習会、特に本部での二日間に及ぶ受講者は、さすがによく理解されます。私は、かつて伝法を受けた所の本尊と行者との入我我入の解説では、現代人には受法の成果が得難いことを知っていますから、古来の伝法の型を一応お伝えした上で、私の頂いた、大日如来の絶対的加持力を信じるよう、お勧めしているのです。これ以外凡夫にできる道はないと思います。したがって、無念無想になったとか、守護霊、背後霊が見えるとか、甚だしきは、大日如来や阿弥陀如来が出現したのを見たなどというのは、絶対に許されないのが、正統仏教であり、密教の本流であります。空海、最澄、道元にしても、仏の姿を観見するとの境地は無いのが本筋だと信じます。

まして現代社会は、騒音と用件が多いために、雑念が多く、散乱心が起ります。少しばかり仏書を読んだとか、修行の真似事をしたとか、見栄で滝の行をしたぐらいで、霊感を得たとか、無念無想になったとかいうことは一時的にはなるかも知れないが、常時無念無想になるというのは嘘に決っています。正純密教の要の日課たる真言念誦行を行っても、なかなか無念無想、或いは六大の一体観に入れず悩むのは、焦るからです。決して無想という状態に惑わされてはいけません。

いつも申上げることですが、私自身省るに、心中煩悩盛んにして瞬時も静止する時がないのが実態です。本来仏性が具わっているとしても、現在の実相は、動いて止まぬ波浪同様です。鏡の如く、仏の姿や光を映すという心境には容易になれないのです。かと申して、私たちは在家の身で三密行に入信するのは不相応だと、短気に思うことは禁物です。

要は、煩悩プラス信心、煩悩プラス仏身観、即ち六大一実の体を信じることです。煩悩の身で如来の大悲心を信じる、煩悩のままで如来加持力に感謝の心をもつこと、煩悩の上に既に大日如来が観音菩薩として自分の願心を読み取って下さっていること、煩悩の身に大悲加持力として不断の恵みを頂いていることを信じ想念することです。

信心行とは繰返しです。何年でも繰返すのです。例えば病者のためには、煩悩のまにまに大日如来の加持力が無形の偉力を施して下さって有難い、有難いと信じることです。

焦《あせ》って、観音様お姿をお現し下さいとか、大日如来様光を現して下さいと希《ねが》うことは無用であり、寧ろ禁じられる願です。このような願を深めますと、魔が求めに応えて幻影を現出することがあり、これを真実の仏様の御利生だと思うことになりがちだからです。

中には法徳が円熟したり、平素の真心が御仏に通じて、奇瑞を現すことはありますが、先ず自ら省みて、それ程己れの信仰生活は浄化されているか否やを反省してみることが必要です。

唯《ただ》申し上げられることは、日々十善戒を守り、よく菩薩の行即ち布施、戒、忍耐、精進、禅定を守り、よく聞法して智慧を学ぶ人は、諸天善神の照覧するところとなって、いつのまにか信徳を恵まれる、ということです。

よく雑念はあっても、念々精進することによって、必ず一日一日進歩向上していることは間違いのないところです。会員の中には、正伝される通り、観想観念が立派に出来て、悟境の観想を楽しむ会員もあります。

霊験、体験の実益を招くことは、前申した通り、雑念プラス六大一実観、煩悩プラス如来の加持力への感謝心でも、必ず目的に達し得ることを確信して下さい。煩悩がいくら深くてもさしつかえないと仏様は私たちを信じておられます。

いかに宿業深くとも、熟練度の差違があっても、人間の環境、動機にとっては、今入信したばかりの人でも、切迫した問題については、深く信心を集中出来るものですから、立派にお陰を頂くことは珍しいことではありません。いや必ず誰でも、白浄信心に応現される御利益であることを申上げたいのです。

どうぞ信心に動揺なく真言行を続けて下さい。又自分の信徳を磨くためにも、知人、近隣の病苦の人を施法してあげて下さい。本人が知らない間でもよいのです。但しその病人に薬禍があるか無いかをよく確めて施すことが大切です。最も戒めるのは、十善戒に背く者と親近することなのです。善知識に親近すべきです。

雑念が起っても恐れることは無用です。煩悩具足の凡夫であるからこそ、いよいよ大日如来の大悲が痛い程感じられるのです。愚かな吾は雑念に惑わされ、あわてますが、そのうちその雑念に悲しむ自身を静かに照らしている如来に出遇うことができるのです。如来加持力により煩悩が菩提の因となるのです。

（昭和五十八年三月号）

10　懺悔行《さんげぎょう》と易行道《いぎょうどう》

従来、仏教の中でも真言密教はもっとも難解といわれていますが、むしろ分析的な考え方に慣れた現代人が論証法から教義を求める時、他宗派よりも「真理」を神話や比喩なしに具体的に悟得し易いといえましょう。しかし実際には、それは思考の範囲を越えるものではありません。何しろ宇宙を貫《つら》ぬく真理体を「大日如来」とお呼びするにしても、その実在は人智ではとうてい把握できるものではなく、僅かにその一部の妙用を察知するに過ぎないのです。

涅槃即ち成仏の救いは如来の大悲を深く信ずることによってうけられるのであります。

密教の究極目的も、小乗とか原始仏教と呼ばれている教えと同じく涅槃《ねはん》・寂《じゃく》静《じょう》に入る外、安定した世界はないのです。つまり安心立命を得るまたは永遠の生命たる如来の徳に抱かれることも、涅槃の境地に外なりません。

密教の涅槃は、多言を要しません、「即身成仏」をもって悟りを表現する訳ですが、即身成仏の教えは絶対他力の大日如来に一切を委せした時、如来の側から（即ち大悲に）救いとられることを根幹としているのです。

涅槃といえば、一般に印度に生誕した釈尊が最後の悟り（無漏《むろ》涅槃）を予言されクシナガラの沙羅双樹《さらそうじゅ》の下で入滅された歴史的情景が想起されるのですが、釈尊のご一生は何も入滅を待たずとも、そのまま有漏《うろ》涅槃の毎日であられた訳で、その四十年余に亘って説かれたご説法は悉く仏智見から流れ出た教えであった訳です。

私達が幸いにも遇うこと難しという「仏法」に遇うことができましたが、この法とは涅槃への道をいうのです。仏教各宗はみなこの「法」以外のものではなく、勿論密教もその例外ではありません。

しかし密教の場合、他宗と異なり涅槃に反する人間の欲望（即ち煩悩）より発する現世利益の願いを頭から煩悩として排斥せずに、これも仏智からみれば仏作仏行の菩提心の行動源なりとなす点が大きな特徴です。

常に申し上げていることですが、易行道《いぎょうどう》として説かれる密教は罪悪甚重の凡夫である私達にとって自分の修行によって煩悩を断ち功徳を積むのは至難の業と覚った時、既に大日如来は曠劫の昔より衆生の宿業に随順して（即ち私達の深い罪業と劣慧《れって》の機根に代って）万徳を積んで下さっていることを我が身にしみて知った時、誠にもったいない、有難いことだと感謝するのです。只、如来の大悲加持力を信知（自覚）することによって凡身そのままで仏に成らせて頂くのです。

それなら今更積善も懺悔も不用じゃないかといわれるかも知れませんが、自力修行に苦しんだ者にとっては、もったいない心で一層懺悔の心がわき上がってくるものです。或いは、まだこの心は「迷い」であるかもしれません、しかし懺悔すれば何か心が爽やかになるのは不思議です。

密門会の会員諸氏は、始めて正純密教の絶対他力の救いを信じて集ったのですから、やはり毎日の生活において朝・夕の勤行の中心として懺悔行が一番重要と申上げます。

なおこの時、懺悔したから自己の罪障が早く消え、悪因縁が切れるようにと願うもの無理からぬことですが、真の懺悔とはいえません。

元来私達が罪業を作る原因は、自己の欲望を満たすため（自利のため）に他人に不利や悪感情を与え、にくみ、ねたみ、怒りの心をおこしたり、おこさせることにあるのです。自己に欲心が薄い時には造悪の行為はおこらぬものです。

従って正に真心の目覚めによって自己のうけるべき罪業を、ありのまま認めて懺悔するべきなのです、開運のためとか、ある好結果を期待して行う懺悔は「有《う》所得《しょとく》の懺悔」となって消える罪業すら残ってしまいます。

懺悔滅罪の心以外に真の懺悔はなく、むしろ業報を受けてこそ罪業が消えるのじゃないでしょうか。

人は自分は人を殺したことも、盗んだことも、邪淫を犯したことはない、どうして懺悔せねばならぬのかと思いがちですが、例え自ら手を下して直犯した「罪咎《とが》」はなくとも心中でよからぬことを計り、想い、念じたことはきっとある筈です。

その外、他人の意見を無視し、人の発明を盗用する。人の親切に感謝しない、他人の幸福をさまたげるこれらの行為は「法律」にふれなかったとしても全て罪業なのです。

現代の社会は誠に激しい生存競争です、幼時より試験、試験で追いまくられ、ライバルの病気や失敗を喜ぶ、学生時代はもとより社会へ出た後職場でも一歩裏側は激しい斗争がくりひろげられている世の中です。

しかし陰徳を常に積んでおけば、必ず報いられる時がくるものです。「幸せ」はその人その人によって知るもので第三者の批評は勝手なものです、懺悔滅罪こそ御仏が何よりも称讃したまうところなのです。そういう人には不平不満がない。

この場合の意味を深く人々に知らせ、仏教徒として自浄信心の真楽を味わってもらいたいというのが私の願いなのです。

（昭和五十三年七月号）

11　お盆の行事の真意

日本のみならず、仏教国の行事として必ず行われるのが盂蘭盆会《うらぼんえ》の行事であります。寺院と共に信者方の家々で行われます。

宗派仏教と云われる日本の各宗では、その宗旨によって多少の差異はありますが、浄土真宗以外では、大略似通った儀式が行われております。問題はその中味です。伝説経典の中で有名なのは、釈尊の直弟子の一人目連《もくれん》尊者とその母の因縁から始まったものです。既に仏教徒の常識の一つとなっていますが、実母の死後を想い出した神通力第一と云われる目連尊者が、神通力によってなつかしい母のその後の在り方を知ろうとして、お浄土を極め天人の世界や、或は地上に転生したのかと、探しても見出せず、結局、まさかと思われたところの餓鬼道の世界をさがしたところ、なんと驚く勿れ、いとしき母は正に餓鬼道に堕ち、見るからに空腹な様子が見えるではないか。そこで尊者は飢えた母の姿に対して、直ちに食べ物を差上げるのですが、母がそれを喜んで、手に取って口に入れようとすると、折角の食べ物が火炎に変化してしまって、どうしてもそれを食べることができない。正にその嘆き悲しみは深刻なものであった。さすがの尊者にしても、この事実には自ら解決の方法を知らないので、釈尊にこの由をお話し申し上げて、いかにすれば母を救うことができますかとお尋ねになられたのでした。

お聞きになった釈尊は、

「お前の母は、お前を育てる時のお前に対する愛情は、真に強く深く、お前のために総てを注いだ。お前のために、他の人や他の子供には何一つ供養も施しも、協力心も全く無い程であった。何事もお前のためにならぬことは行わなかった、即ち慳吝《けんりん》が母の心の中心となったのである。その無協力、無布施のケチ生活が、死後にも及んで、遂に餓鬼道に堕した原因なのである。この母を救うには、千僧に百味の飯食《おんじき》を供養し捧げることが最も功徳になることである。幸いに、今は安《あん》居《ご》（印度では雨期の間、精舎に止まって修行する）中であるから、多くの弟子即ちお坊さんに百味の食を供養すれば、必ずその功徳によって、母は餓鬼の苦しみから解脱することができよう。」と申されたのです。

要するに目連尊者は母に代って慳吝の心を懺悔をして、悔い改めて、布施供養をなされたのでした。そして一週間の供養をした後に、再び神通力で母の姿を見たら、あら不思議や、餓鬼道の母の姿は全く急変して、ひもじいかぎりの餓鬼腹は消えて、柔和な顔と身心円満な仏相に変化して、正にお浄土の仏様の仲間入りをしているではないか。この喜び嬉しさは遂に言葉で云い表せずに、踊って喜びの表情をされた目連尊者は、吾が喜びのみに止まらず、他の人々にも知らせて共に喜び踊ったのでした。これが盆踊りの始まりとなったとも云われるのです。

最近は都会の空地も少なくなったので地方と異り、この盆踊りも少くなり、随《したが》ってお盆の行事もすたれてしまった地域もありますが、地方都市や農村では今日なお盛んです。また先祖さまのお墓まいりが大都会から帰省列車の混雑となっているのです。先祖や先輩や亡き人々の面影を偲んで、菩提冥福を祈るという、日本人に最後に残された美風がこうして維持されているのです。この行事の中には学校教育の力も遠く及ばない立派な、情緒教育の偉大さがあることを見逃すことはできません。このお盆の施餓鬼法会に秘められている素晴しい教訓を次に特記したいと存じます。

施餓鬼の供養の要《かなめ》は、布施ということ即ち供養心とその実行です。現代は個人的な布施供養心は不用なことで、現代の布施は専ら社会福祉の予算の充実さえあればよいというような考え方ですが、これは重大な誤りなのです。確かにある程度の福祉施設は必要なことでありますが、本来このような施設が必要となり法律化することが必要となるということは人道がすたれ、親切や協力や思いやりや特に施しの心が一般になくなったことに因《よ》るのであります。

また、人は無常の真理を知らず不慮の災厄に遭遇し、悲泣の境遇になって、社会のお世話になる訳ですが、此のことを感謝の心で受けないばかりか、当然の権利として主張するために、常に不満で、心の迷いから煩悩の炎を燃やして、遂に恵まれない不幸な最後となる人が多い。幸いに信仰心を正しく持つ人は感謝一杯の幸せな生涯を送って永遠の如来の世界に転生してゆくのです。感謝する人は、必ず施しのできる人であることが多いものです。

不思議なもので、感謝のない人は施しの心も、行ないも薄いことが感じられるようであります。如来さまは決して衆生に恩を着せることなく施しの一方でありますます。だから私共は心からの感謝を捧げられるのであります。

仏教の行事は習俗と云われるが、その源をたどって行くと皆それ〴〵深い意味がこめられているのである。


（昭和五十三年八月号）

12 仏教は無霊魂説か？

皆様、お芽出度う御座います。旧年中は、北海道、金沢市、京都市、京都府下園部、高野山、大阪府に於ける講習会で語る機会を得て、新しい法友を増したことを、皆様と共に喜びたいと存じます。

靖国神社の国家護持と大臣の公式参拝をめぐっての賛否両論は相変らずで、多数与党はいつも少数党の御意見を尊重することを以て、無風の議会運営を何よりの政治と考えている如く拝見させられます。

〝信教の自由〟をテーマとする、NHK教育テレビの番組で、筑波大学教授村松剛氏のお話を期待しましたが、惜しいことに、仏教は無霊魂説故に、靖国神社の如く国家に捧げた人の霊魂を祠る資格はないと申されたのには、驚いた人も多いと存じます。この言葉は仏教者として聞き流せない重要なことですから、是非村松教授に面会したいと思っております。この無霊魂説は一応通説ですが、その代りに、業因縁のことを語らなければ大変な誤解に堕ちることになるからです。

仏教は、肉体の外にある霊魂は認めませんが、生存中の行なった行為は業として識心に刻まれて永く続くことを忘れると外道《げどう》になります。釈尊は、衆生が正しい修行をすることによって悟りを得たならば、輪廻の生を断つことができると説くので、そうしてみると仏教は無始の輪廻業を認めておるのです。確かに霊魂常住説は邪道であります。が、人の死を以て一切空無に帰すということとは違いますから、実際は死後に存続する第七識によって刻まれた業識が、第八識の上に附随して、次の生に輪廻転生するのです。即ち悟りを得なければ迷いと執着が苦界に転生するのです。この期間は仏眼によって知ることになります。私等仏教者は、単に霊魂というものはないと言うのみでは邪説に過ぎません。この邪説に堕ちるが故に、近頃の僧侶は信仰が起らないし、迷苦の衆生に対する慈悲の心もなく、一般人同様で解脱の修行なく、酔生夢死の生涯を送るものもあるくらいです。

宗派によっては、一切皆空に徹するも、とかく人の死後も空であると説きますが、これは問題のあるところです。人の死の空となるのも、迷い転ずるのも、その生前の業によるのであり、死んでからの修行が甚だ困難なことは自明でありましょう。在俗の者のみで唯供物を供えるとか、お花や水を供える程度では、亡者を解脱させたり、菩提を得させたりするとは、簡単に云うことはできないのです。

かくて、亡者に生前の業因に相応した懺悔滅罪の心を授けて、追善供養の浄業を重ね重ねて、善智識に法徳を施すべく、引導《いんどう》を乞うことになるのです。この引導は、死者の業縁に仏徳の善業識を与え、六大無碍の覚体と一体たらしめることです。要は、その故人の生前の在り方を知る遺族が、代って菩提を求めてあげることです。親子、兄弟の一体感がこの時に行われてこそ、人の一生の締めくくりとして最低必要な善行と云われるところです。この追善供養を惜しまず重ねるのが、人として生れた者の当然の義務とするから、遺産の相続として、先祖霊を祠る法要があるのは、こういう意味があるのです。果して先祖がまだ迷って苦しんでいるか、成仏しているか、次の生に転生したかは、釈迦如来程の大仏智見のあるお方でなければ、一々知る由もないのですが、人の道として、少なくとも自分たちが過去の恩人を忘れてはならぬことは間違いのないところです。尤《もっと》も希《ま》れには、俺が死んだら灰にして飛行機からばらまいてくれと遺言した人もありますが、それで自分の業が消えると考えるのも誤りです。生前の業は骨にしようが、土葬にしようが、形に残ったものが業識でもないし、死者のあり場所でもないからです。即ち迷うて造った執着強欲の転々業々の所に在るということです。

阿含経《あごんぎょう》の中では、よく比丘や信者が釈尊にその死後の行先をお尋ねする場面がありますが、これを識る者は得難く、如来の智見によってのみ知ることができるのです。仏弟子の中でも阿羅漢果《あらかんか》を得た仏智によってはじめて分るのだと説かれています。要するに生前、餓鬼の心の人は餓鬼道に生れ、畜生道の如き淫乱者は畜生に生れ、修羅場の精神は修羅の業識に低迷しているということです。ここに仏の大悲が大説法の慈悲として湧く実相世界を見ることになります。

もし常一主宰《じょういつしゅさい》（常住の単独者として自身を支配する者の意）の霊魂という自我ありとせば、これを常見として仏教では誤りとするのです。いつまでもその「我」たる霊魂が生れ代り、一個の自我が恰《あたか》も生れ代る度に、人身を着るが如き考えを持つのが、多くの邪説です。何代も前の霊魂に面会したなぞとの小説的霊話を創る者もあります。このような霊が、生きている人間に憑依して、難病の原因となっておるという邪説をまことしやかに説いて、迷える人々を引き付けるのを、あちらこちらに見受けます。これは大きな誤りです。

但《ただ》しここで特に注意を要することは、生前から、或る人を怨みに怨んで、八つ裂きにしても足らぬ、七代生れ代って敵として苦しめて、自分も共に地獄に行っても悔いないという人があって、その怨みの根拠があるとせば、これは祟《たた》りとなります。これは私たち宗教家の力のみで、この障りを解除することは容易ではなく、その怨みとなっている根拠を解くようにし、元に返す程の努力がなければ、とても納まる問題ではありません。ここに前に云った邪説のつけ込むすきがあるのですが、こんなことは滅多にあるものでなく、日常の生活としては無視して差支えないことです。

さて、戦争と英霊についていては、その戦死の状況にもよります。生前の精神、人格、行為というものがあって、戦死の直接の原因のみでなく、やはり人としての業が死後の業果となるのではないでしょうか。常に祖国を思う心、即ち忠義の精神にて、戦場にあって戦死した業、この意味の霊が立派に神位、菩薩位に転生するのは疑うことは出来ません。ただ、戦場は殺生自由だという考えで、好んで殺生をしたのだという浅薄な考えは許されません。戦死した方の尊い犠牲の上に今日の平和があるのですから、生きている国民が、英霊の労苦、死の覚悟に対して敬虔の祈りを捧げることは、自分自身のためにも必要なことと信じて止みません。

（昭和五十六年正月　記）

13 比島慰霊で教えられる

私は青森県の遺族会の皆さんと一緒に比島で戦没した青森県出身の英霊供養をしてきました。去る一月二十二日夜マニラ空港に着き、翌日レイテ島に飛び、タクロバン空港に安着しました。一行五十四人は直ちに日程に随って戦跡地に建った慰霊平和塔を訪ね、揃って般若心経三巻、舎利礼文《しゃりらいもん》七巻を主とし、仏名《ぶつみょう》をお称えし、最後に「海ゆかば」の歌を斉唱しました。導師たる私自身回向文《えこうもん》を読むのも涙で声も平常を保つことが難しく、異例の気合を入れた御回向となりました。遺族方は男も女も共に声を立てて泣き、或いは嗚咽をもらしました。当時の凄絶なる戦場を想像し、万感胸を打たれたのです。生死を超えて、祖国の安泰を念じ、しかも戦争は再び起こってはならぬとの祈りの気持で、散った英霊を偲びました。はるばる故国を離れて、血肉を分けた英霊の血の浸みた大地を訪れて、生きておられた往時を想う時は、誰しも思いきり泣けて、これ迄に抑えていた真実の声が、涙と共に止めどもなく現れたのでした。よく泣けたので真に爽やかな気持になり、幽明境を異にしても、その時は英霊と感応道交したのです。

特に不思議でならないのですが、レイテ島は今年は異常天候で雨期同様の正月で、私等一行も雨の洗礼を覚悟していたのに、予定地の慰霊の地に着くと、その長雨が止まり傘が不用になることが一再ではなかったのです。正に英霊がそうされたものと信じられました。

レイテ島の高地のカンギポット山麓の慰霊法要の時でした。最後の黙祷の終る頃、今迄風も無かったのに、ゴーという音が聞こえると共に急にサアサアと風が音を立て、しかも霊気を感じました。木の葉はバサバサと鳴り、一瞬のことだったのでしょうが、けっこう長い感じがしました。私は祭壇直前に居たので、小さなローソクの火が消えたかと思って目を開いたら、それが悉く消えずに輝いて、揺らめきながらも風に消されない光景は、常識では考えられない現実でありました。

私はこの時の現象は高級霊のなされた神力だと直感しました。遺族団一行が多年の志望念願を果して来られた真心が、英霊方に通じたことを証明する奇蹟であったと思いました。このような高級霊の示された霊証はそう度々受けられるものではなく、また邪教邪師の売物にする低級霊の降霊とは全く比較にならない厳粛なものでした。この日の体験は生涯忘却することができないでしょう。

日本政府の建立した供養塔のあるマニラのカリラヤの丘での最後の慰霊祭は、レイテ島のと全く変って、乾季の故でもあるが、雲一つない晴天でした。山上にバスから降りた時は頭が焼け付く程の思いで、特に私の禿頭ではジリジリ感じた位でした。後で日焼けのため頭の皮膚が荒れているのに驚きました。

さて、このカリラヤの丘の晴天下の慰霊祭では、法要中パラパラ小降りの雨が続きました。法衣が濡れる程ではありませんが、小降りの中の慰霊祭でありました。後刻その丘の売店の人と管理人らしい人の話では、慰霊祭の時に必ずと言っていい程小雨が降るとのことでした。慰霊祭を行なう遺族団の来るのは乾季の雨のない時期であるのを思う時、無言の中にも大きな英霊の在す響きを聞く気がしました。勿論、戦死した英霊がその地にさまよっている訳ではなく、悲しい思いで生き残り、はるばるやって来た御遺族の至情が即ち仏に神に通ずる赤心であるからです。英霊は私欲で死んだのではなく、祖国を愛し、国に殉じた精神は、凡人の死とは自ら意味が違うということを忘れてならないことであります。

マニラ市内での日本人ガイドの説明の中で窺い知ったのは、フィリピンでは物の紛失や忘れ物は警察に求めても大方帰ってこないということです。悪人が逃げると容易に捕まらないということは、国民の精神、正義感、破邪の精神が乏しく、盗られた人や探している人への同情、思いやりの真心がないということです。時恰《あたか》も一月三十日はマニラ市長選挙のために、五日間の臨時休日があるとのことで、またまた驚きでした。大統領の一決で、何かあると定休日以外に臨時休業が発布される由でした。

市街に走る自動車は八割方日本車でした。その他商品は日本製が多く、日本の大商社の名が多く見受けます。経済は華僑が八、九割を占有しているという話ですが、それに比べると、まだまだ日本経済の進出は小さいようです。地元の比島人は外人に経済を握られても、団結して自国民の手にその経済力を得ようとする気持は薄いように思います。国民の勤勉さと細心の注意と努力、それに協調性があれば、将来必ず豊かな暮しと然るべき文化レベルになるはずですが、肝腎のその国民に働く意欲がなければ、進歩向上は期されないのも当然のことでしょう。

特に驚きであったのは、国際空港の職員が公然と理由のないチップ千円を求めたことです。労力も提供しないで求める根性の卑しさには驚きました。比島は九割の人口がキリスト教徒ということでしたが、この辺の心がまだまだ神に遠いと思わざるを得ません。

最後にもう一つ紹介しましょう。空港内の保安官が制服制帽のままで、我々男性に寄ってきて、保安官の胸にある徽章と、ベルト、帽子を買わないかというのです。大方擬似製品であると思われましたが、これも日本人の常識では許されない行為ではないでしょうか。

以上、実際に身で教えられたことですが、比島の国民性を思う時、私等日本人は世界に誇る立派な国民性と優れた慣習道徳観を有することに、あらためて感謝させられました。これは百年二百年で生まれるものでなく、永い間先祖から伝えられた賜《たまもの》で、仏教、儒教の伝来以来の尊き因縁の所産であります。

戦後の俄かなる西洋の唯物観の上に立つ自我思想、自我哲学によって、日本伝統の無我哲学（我《が》という実体がない自他平等の教え）が毒されている弊害に就いては、こうして海外で触れる体験から、長い間欧米の植民地にされるとこうなるのかと逆に深く反省させられました。日本人は偉大な先祖の遺徳に感謝を深くし、日々報恩感謝の供養を怠ることは許されないと沁々《しみじみ》思うのでした。

（昭和五十五年三月号）

14　殉国英霊供養に想う

人は誰しも平和を希望し、戦争をきらう。全人類がきらうところのこの戦争はどうして現実に行われているのでしょうか。各国はまた兵器を外国に売る競争をしております。何故に戦争がないのに、そして平和を提唱しながら、軍備を増強するのかを考えると、表むき不可解な感じを否定する訳にはいきません。日本は敗戦国であり、また、原爆の唯一の被害国であり、三十三年を迎える今日も、原爆症による犠牲者が続いております。

ところがこの平和運動、原爆禁止運動を日本人自体が行なっても、反って現実は、戦争の起る危機感が、地球上のあちらこちらに報じられています。日本民族の歴史は古く長いのでありますが、この度の大戦で外国と戦争をして初めて負けました。そして国土が狭くなったのみでなく徹底的に打ちのめされました。しかし、あの敗戦後の荒廃の中から、世界中の人は勿論、日本人さえも唯一人想像ができない程の経済成長を遂げたのです。物質面では総ての部門と云っても良い程、建設、開発が進みました。

けれども怖ろしいことに、教育の大欠陥によって、日本古来の精神文化を忘れ、しかも特に、世界で最も勝れた仏教思想を忘れたため、真理に立った文化、文明、社会、国政に倫理がなくなり、似て非なる擬似仏教が跋扈《ばっこ》しております。

日本経済繁栄の蔭には我々日本人の中に仏教の心が永い間流れてきたために、無意識の内に現世の実相を悟り、自然に忍耐と精進努力と共に思いやりがあったから、敗戦後の貧しかった時も、不平を忍び、苦しくとも、先祖に感謝し、黙々と祖国再建という目標の下によく働いてきたのです。

この心、この精神文化が細々ながらも、日本人の心の中に脈々と流れて、苦を苦としないで働き努力をした。しかし、今日の現状は必ずしもそうでない。反国家運動、唯物思想、人間堕落思想を文化だと誤信している。多くのマスコミ、文化人、政治団体の働きがあり、しかも驚くことに、外国から日本政府を倒す莫大な運動資金が裏ルートに乗って、白昼堂々と流れ使用されております。今後も尚続くことでしょう。

まず私が思うには政府も日本国民も、大きな忘れ物があるのではないか。各反戦団体があれだけ戦争反対と、平和を願う心があっても、亡き殉国英霊に対して、その死を悼む心、そして再びこの遺族方の悲しみ苦しみを、慰める心がなくなったのではないかとさえ思うのです。たとえ靖国神社が嫌いでも蔭で手を合せる心をもってもらいたいものです。一銭五厘の召集令状で、あの元気な若者達は仮りに幻でも、大東亜共栄圏を守るとの国是に、喜んで殉じたものです。中には戦争の誤りを知っても、国の憲法に随って戦死も止むなしとした英霊もあったかもしれません。殆どの英霊の考え方は、少くとも祖国を守ることの他に目的はなく、おそらくこれは侵略戦争で、日本は大きく伸びるための戦さであると、考えた英霊は甚だ少ないものと思うのです。近頃種々な宗教が新しく創作されて、釈尊も空海も、親鸞、道元も失業しているのではないかと思われる程です。反面霊能を正しいものと思わせている新興宗教のことをよく聞くのでありますが、大切なことは、国に殉じた戦争犠牲精霊に対する、感謝と慰霊の心を説くことが少いのは、どのような訳なのでしょうか。

現在の文化生活が進歩発展した中にも、反面種々さまざまな災害、不祥惨事が頻発しているが、その莫大な慰謝料、補償金をみるとたしかに人命の尊さは、地球よりも重いものだということを知らされる。もしそうなら戦争によって失った精霊に対して、できるだけの慰霊の心が湧出なければならないと思うのです。金ではとてもその補償はなし切れないだけに、私等は戦争目的の真の意味の解釈には、諸説異るものがあっても、日本人が平和を口にする時には、必ず国に殉じた精霊を偲びつつ一層平和を願い、戦争を憎むのでなければならない。それにしても、日本人の偉大さが世界中からたたえられているのも、外国が日本に対する侵略が難しいと思わせているのも、日本人が、日本人としての誇りを持ち殉国された人々への感謝を忘れず、菩提を祈り、今日の繁栄の礎に殉じていった歴史を一人一人に教え伝えていくからです。自国の文化、歴史を重んじていく民族なら何等恐れることはありません。

（昭和五十三年九月号）

15　年頭所感

明けましてお芽出度うございます。今年も大日如来様の御威光を頂いて、二度と来ない今日を大切に歩みたいと存じます。

さて正月は誰しも何となく楽しいものです。この地球上の一日は常に昨日の延長です。したがって日々特別変ったものはありません。大安、赤口、先勝などの撰日法は古くから用いられておりますが、仏教には日の良し悪しの考えはありません。ただ、喜ばしいことがあれば今日は良い日だったと言えるでしょう。

このように考えると正月は楽しいから一年のうち、よい月だと考えたいところですが、この宇宙は人間の都合で左右されることは何一つある筈がありません。

一休禅師の有名な句

元旦や冥土の旅の一里塚
　芽出度くもあり
　　芽出度くもなし
禅僧でなくとも、現代人が落ちついて考えると、同じ一日を元旦故に特に芽出度いというのは一寸首肯し難い道理に思われます。
仏教の説く真理では特に元旦を特別扱いをしないのは、根底に無常観があるからです。この無常観は暗く湿っぽいものではない。無常観の悟りを得た上は、明るく強く生きられる点に注意したいものです。そして苦といい楽というも心の用いようによります。同じものを食べても、その時の心の状態では甘くも苦くもなります。常においしく頂ける心の状態を保つことは仲々むずかしいことです。
実際、不幸災過が我が身、我が家にふりかかったときは必ずショックをうけますが、悲嘆、長嘆息で身心を消耗することからは早く脱出しなければなりません。
私などは生来の気弱さで一喜一憂の弱虫でした。また感情の起伏が激しく、冷たい理性を保つことが下手な者です。だからこそ却て仏法の有難さを深く感ずるのです。長い逆境に遭って不満と不運を感じ、愚痴っぽくなった心を仏様に諭されて、どうやら人並みに、これが娑婆世界のあり方だと、諦観して心を転換し、無理にも積極方向に用いているわけです。

好意的に私を見て下さる方は私の遠慮勝ちな態度は損ですと申されますが、与えられぬ悲しみ、不満に思う心は愚痴になり解決の道ではない。したがって自分に相応した運命宿命の現われだと思って懺悔している次第です。

名聞利養は仏様の深く戒めるところです。けれども少し向上心のある人なら、その裏面に名聞や利養を求める心が全くないとは言い切れません。これが人間の赤裸々の姿です。密教ではこの心を捉らえて、悉く仏徳開発には修道心を以て名誉とせよと教えております。若し名聞《みようもん》、利養心が全くなく、向上心もない無気力人間だったら進歩も開発もない沈滞したものになります。煩悩と言われるこの心も、仏道に出遇うことによって光を放つ菩提心に変化するのです。ここに倫理道徳、向上心を説く儒教の必要もある訳です。

密教では如来の大悲三密を信持すれば、凡身に即して煩悩が仏智仏徳に変化すると教えます。単に宇宙の生命の本流に融け込むに止まらず、我心が仏に染められたとき、煩悩が五智に発展していくことになるのです。即ち大円鏡の如く自然の徳そのままに映す智となり、一切は差別のまま本性平等なるを知る智となり、総てあるがままの存在、あるがままの動きを知ることができる、妙《たえ》なる観察する智を生み、この妙観察智《みようかんざつち》が、行動する成所作智《じようしよさち》となって衆生を真の幸福へと照らし導くことになるのです。これ故に「羯摩《かつま》曼荼羅」と呼びます。決して御堂の飾り物ではないことを申上げて、新年のご挨拶と致します。

（昭和五十三年正月号）

16　受験と新学期に際して

中学三年生、高校三年生の勉強の成果が、今頃大方決まり、悲喜こもごもの情景が全国的にみられていることと思います。進学に熱心な家庭の子は確かに学業の向上はありましょう。また、なりゆき任せのようにしている親も、秘かに祈る親心はみな同じものでありましょう。

何故に当の学生本人よりもその両親が、これ程熱をあげるのか。これは察するに、自分の人生の歩みの中で感じた苦楽の中から拾いだしてみて、やっぱり名門校、有名校出身が人生競争に強いという結論をもとにしているからだと思います。

だが、有名校出身が即《そく》幸福であるのか、そうであって欲しいという気持はわかります。

ただ教育は学校にありとする考え方は反省されております。教育の欠陥が指摘されて、卒業後の生き方に多くの問題を投げかけている点、近時、特に社会問題としてクローズアップされています。

さて、学校と学生の善い因縁が必ず有名校のみに約束される幸せかと言いますと、決してそのようなことはなく、却って学歴が人生の障りとなっていることさえあるのは事実であります。

自由社会では特に個人間の格差が多いように見え、社会主義国家は富の平等化で、競争もなく貧富もなく平穏にいっているかのように見えるかも知れませんが、必ずしもそうではない。このことは今では一般にも知られている通りです。

さて、仏様の目から衆生の生活を照見されて、第一に我が身を省《かえり》みれとするのは、人々は悉くみなそれぞれの業因縁を背負って生れて来た。しかも、生活の中でも断えず業をつくっている。即ち迷いの業は招苦の因です。

されば学校とて必ずしも善因のみとは限らないのであって、新聞でみるような学園内の出来事は寧ろ一般世間の期待とは逆になっているのも案外に多いのです。この不自然な行為や識見は、悪業こそ多く作るけれども、善業をつくる期待はとても持てるものではない。

これのみでなく、どちらかと言えば、一にも二にも進学をということは、競争試験がある限り当然他を蹴落しても自分だけは合格したいという競争心は否定できません。これは本来人間の有する本能といえるでしょう。競争心のない者は、これは聖者か馬鹿かと言えるかも知れないが、この競争心というものは、多くの障りにも繋がるものなのです。

されば私たち仏の教えを求める者は、どうしたらよいかということで、子の進学問題に心配をいたします。入学可能なのはその受験生と定員の問題が決っておるから、仮に全員同一成績をとったとしても必ず落ちる人数は決っておる訳です。が、この現実に対して、希望と熱意の余り、この大切な現実を忘れ、本人の能力を無視をして、必ず勉強すれば入学できると勝手に決めることです。幸いに、入学できれば問題は別だが、貧乏くじを抽いたときは、単に残念であったで済まされないこととなることが多い。

その落ちた学生の精神が、よく諦見すれば良いが、精神的ショックで、さまざまな精神的障害を惹き起す原因になり、劣等感や社会不信に陥いる場合が多い、総て自我を主張する生活をして来たので、自らを責めることを知らず、その原因を他に転嫁する如き結果になることが往々にしてあり、これが結局人生の不幸を生むことになりかねない。

それは常に感謝を知らず、与えられた環境に対し、不満であり、不平であり、人の親切さえ感じないことに因る。これは助けあう気持の薄い試験勉強至上の習慣は、自己中心となり、他者に対し測隠の心もない勝負ばかりを目的にし、ついに人間を孤立性に仕向けてゆき、良い仲間ができないということです。それは同じような考え方の人間が仲間となりがちであるからであり、類は友を呼ぶ喩えのある通りを考えさせられるのです。

このことは幸いに合格した者についても云えることで、同じ期間の勉強に努力したときの気持は消滅することは容易でなく、しかも無意識の中に我を強くし、慈悲の人格を作ることが少なく、ひいては親子関係でも別居生活と権利主張はあっても、孝養の心が薄い人間になるのは当然のことです。親が気のついたときはもう遅いのであり、かく考えると試験勉強をすることは学生として当然であるが、親が過大の期待をよせるのは反省したいものです。
何はともあれ、努力して、あとは己れの生涯の運命は天に委せる程の大らかさ、心の広さをこそ、生涯を通してもってもらいたいものです。これこそ業障のない教育であると思う。そしてそれは学校よりも家庭、就中《なかんずく》、母の賢い心遣いと信仰によって達し得るものであり、無我と自然法爾の柔軟な強さを信じたいと思うものであります。

（昭和五十三年四月号）

17　教育と宗教

世界には宗教が多く、極端な表現をすると、教団として役所に登録しているだけでも、夜空の星の数に比べられる程でしょう。けれども、この多くの宗教と称するものを、宗教学的に分類しますと、凡そ三種類になるでしょうが、しかも更に大別しますと、原始宗教と、真理を説くところの進歩した宗教に分類されます。単なる習俗的信仰と、哲理と倫理道徳を説く信仰にしても、三分類してみるとその区別が明瞭にわかると思います。

三分類とは、天啓教と総称される多神教、一神教、そして無神論に立つところの仏教といえるようです。

天啓教とは、仏教以外の宗教の多くはこれに属します。要するに、人間の外に神霊が実在し、その神霊の方から、人間の方に啓示とか霊感を与えるものであります。即ち人間が求め祈ることにより、外部から救われるとする教えであります。日本の場合は、神道がこの天啓教の中の多神教として、八百万神《やおよろずのかみ》を認める祭祀を行ないます。神社によって多くの神名がありますが、その神様にも位があって、高位の御霊、中位下位を認め、下々に至っては大神の眷属神として崇めるようです。この原則の上に立って、神霊の恩寵を得る道を説くのが特徴です。大昔は教えがなくとも、神霊を認めて、畏敬の念を持って、供物を捧げて祈りがあったといわれます。

この多神教は世界中にありました。トウテム崇拝と申して、巨木や奇岩奇石に神霊を認めるが如き心理が認められます。

これに比べられるのが一神教です。即ちこの宇宙を全智全能の神が造ったとします。これは唯一絶対の神で、この神の外には神は無いと説き、この神様の外に在る神は悪魔であるとし、他の神を否定して拝む事を禁じております。唯一絶対の神を信仰して、神の恩寵にすがって、祈るのです。この一神教として明瞭な宗教はユダヤ教、キリスト教、イスラム教です。キリスト教も大まかに云えば、旧教の教会と新教に分れ、各々派流が沢山ありますが、唯一の全智全能の神を信じることは共通です。この一神教を信ずる点では、イスラム教も同じことのようです。唯一絶対の神として認めるのが、アラーの神です。したがって、キリスト教にしてもイスラム教にしても、信ずる者の信念が強烈であるから、三者ともいただく神は同じですが、神の解釈が異なり争いが断えません。異教徒には厳しく、常に独占意欲が盛んです。その自我主張、自我優先優位意識が、多くの騒乱や戦争を引き起す原因となっております。

また神の名によって徴税が行なわれます。キリスト教国では、国家の税金のほかに、例えばドイツの場合は教会税を信者に課して、外国に居住しても、その税を送金させる程です。日本では考えられないことです。

この一神教と対照的なのが仏教です。全くその教えは反対なのです。即ち仏教は「無神論」を立場としております。しかし、多神教的な神霊の存在は認めていて、神霊を粗末にすることはありません。場合によっては、神霊と称する中には迷妄な魔霊の存在を知るから、必ずしも神霊を敬うということはありません。寧ろ叱咤驚覚を計ることとさえある訳ですが、この場合は神霊とは呼び兼ねます。鬼神と呼びます。仏教で神霊として認めるのは、仏法守護の神霊として尊ぶのです。

さて、仏教は無神論の宗教でありますが、このようなものは、世界宗教の中で唯だ一つの存在です。仏教は宗教でなく哲学である、或いは心理学の学問であるとさえ評する者があったことも、うなずけることです。

仏教とは真理追究の教えであって、この真理に到った場合を、悟りを得たと申します。言い換えれば、悟りの道を仏教と称するのであります。

ところが、仏教が伝来した国々では、同じ経典を読んでも、それぞれの国の歴史、民族の風習や、風土によって解釈に差異を生じました。特に日本では源平の争い以後の乱世に生れた法然、親鸞は、この悟りの仏教を修得しながら、仏教の悟りは至難の道であり、人間の到底なし得るものでない、特別な上根上智の仁に非ざれば求めても得られないものとして、阿弥陀如来の誓願を唯一の救いの道として信じ取られました。現世は流転変化して、何一つ幸せの元として期待できるものはなく、それ故、この因縁変化の現世を捨てて、一筋に阿弥陀如来のお誓願の願船に乗りお委《まか》せし、後生安楽こそ間違いなきものであるとし、念仏する衆生を摂取して捨てずとの大願を信じる道こそ仏教であると教えられたのであります。

かように仏教の教義は一見相反したものですが、この悟りを否定した如き浄土教も、信心が決定《けつじょう》した時に求めずして得られるのは悟りの境地に外ならぬことになるのであります。

更に進んで、同じ仏教でも印度で最後に成立したのが密教経典であります。この密教の骨格とも称するものは、正に科学的な立場であって、科学と相反する一神教と異なり、科学に相応すると申してよい程です。寧ろ科学が遅れていることを原則的に知らされるのです。なるほど科学には発展経過が認められますが、科学的立場とする唯物的な点が、仏教の教理に遅れているのであります。即ち「物」の見方です。科学は物は物という立場ですから、実在としての心は認めません。心は人間の肉体という物質の働きの上に見る一つの現象に過ぎず、死と共に心は消えるというのです。

ところが、仏教では「物」を単に物質として見るのみでなく、「心」と両面の働きをする存在であるとするのです。

したがって「物」「肉」は同時に心とも精神体とも見るのです。物の本質の外に「心」があって、この二つが混合したと見るのではありません。物即精神を真理とするのです。形のない心の姿が物に表れていると見ます。こういう考え方があるから、総て物をわけへだてなく平等に見ます。この世の全てのものがそれぞれ絶対の価値があると見ます。あらゆるものが偉大な価値を有するのだという教えです。この色心不二の平等且つ包括的柔軟な見方により全人類の不退の幸福の道を発見するのです。善悪の判別も進歩して、社会万般の制度に新しく光を見出し、人の道、法律、政治行政に画期的な安定した展開が期待されるのです。

殊に人類の真の幸福道として、不安と闘争のない豊かな生活が与えられるのです。

この意味で、唯物的な考え方、近代文明の行詰りが解明されるという点に於て、密教こそ最も豊富な宝庫であり、それを実践する教えであることを知るのです。

この偉大な人類の宝は、世界に国多しと雖も、日本のみに伝わっておるのです。この密教の蔵する教理の中から、哲学、宗教、心理学、倫理、社会、医学、法律、経済、国防、労働、男、女、児童、世人の問題への答えを鮮明に説くことができるのに、明治以来の日本政府は昔の仏教僧の悪い面のみを見て、嘗《かつ》てなかった筈の国学神道を極端なまでに取上げる政治によって、遂に大東亜戦に突入する経路をたどるようになったのです。

今や、文部省は米国の教育方針に染まり、せっかくの宝庫を封鎖同様の扱いにして、単に宗教団体に税の優遇のみを与えておるに過ぎません。
私は、憲法上、義務教育課程には宗教も情操教育もできないけれども、高校、大学教育課程には当然、高度の心理、社会、倫理、医学、経済、福祉、外交問題を教えると同時に、仏教の基本の教えである、縁起、無我、諸行無常、慈悲の心、十善戒を教えるならば、人類史上最高の教育成果をあげて、世界に真の平和を期待し招来することも夢でなくなると思うのです。今日の与党自民党の不祥事を首《はじ》め全政党と官僚の不審多き事態を知るにつけ、教育の中に宗教学を課程とする運動を最も尊く大切な天務と感じておる次第であります。

（昭和五十四年十二月号）

18　大仏建立を発願して

今から千二百三十年前に聖武天皇が奈良の都に大仏を造立されました。毘盧遮《びるしゃ》那仏《なぶつ》であります。国家的事業でありましたが、この大仏が衆生に感化した法益はまことに大きなものがありました、人心を仏法によって円満にし、国利民福を祈る希望を引き起したのです。当時は、地上に仏の国を映す理想が求められる環境があった訳です。ところが応仁の乱以後、織田信長の天下統一の政治が行われようとした時迄は、人間の平穏をテーマにした考え方が許されるような世相ではなかったのでした。仏教も実社会に仏の安楽の理想を期待することは、とても考えることのできない戦乱が永く続いたために、現世に期待することは無理であるとの立場から、死後に浄土に往生できるとした、浄土教が盛んになったのです。この流れは日本全国に広まったと云えますが、念仏が早く受け入れられたのは、当時栄えた密教の現世利益の教えの盛んな土地だったようです。密教から浄土教に移ったと云われております。民衆は心情真に素朴にして純情でありましたから、御仏の教えを信ずることに素直さも広かったのです。

当時、正統密教即ち弘法大師の教えは、いつのまにか密教の教えでないところの、道教、神仙道、陰陽道、星占と神道の信仰の練り合せになってしまっていました。それに加えられたのが、不動明王の信仰です。こうして、段々と密教の雑《ぞう》部《ぶ》の本尊や経典が加わり、服装も仏僧に真似て造り、経文を読み、呪文を唱え九字を切ったのが山伏です。医師や薬の甚だ少ない時代でしたから、この修験の加持祈祷が大流行したのでした。現世の願望悉く叶うと宣伝したからです。不動金縛りの法とか、火難を除く火伏の法とか、諸病封じ、或は薬石で治らぬ病は祟り障り、魔神の故として、これを除く法とか、死霊亡霊を得脱させるとか、福徳の招来、結婚、或は因縁切りの法とか、釜鳴りの法、火渡りの法とか称して如何にも曰くありげな秘密の法としたので、一時は全国の人々がこれを信じたのでした。しかし、仏教の悟りと関係のない、人間の汚い願望成就の道具とスリ代えられ、これが叶うことがほとんどなかったり、長年信仰しても効なく逆縁のみが多いということで、段々と民衆の心が離れて、形の上の信心に止まっていたのです。

徳川時代に入るまでは、仏寺に入った敗軍の武士や寺武士が、寺院の荘園を護るために、僧兵としてその力を行使するまでになりました。殊に恥かしいのが根《ね》来寺《ごろじ》で、鉄砲を作ったと云われる程です。このように、武士が寺に入って法衣を着て戦さをした史実を秘すことはできません。勿論この時代でも真の僧はあり、聖僧が輩出したことは事実です。

ただ密教の伝道には、浄土教のような口上の説法がなく、身業説法と称して、民衆の苦痛を去るために加持祈祷が行われたのですが、これは正統密教の阿闍梨に求める者が少なかったようであります。したがって正しい如来の加持は少なく、誤った雑部《ぞうぶ》密教即ち山伏の方が盛んであったのでしょう。正統密教の寺院では僧と民衆の対話がなく、信者は直接御堂に上って御本尊に祈ったもののようです。僧には祈祷の依頼はあっても、教説を聴聞する習慣がなかったのは、一方から見ればそれ程純真に御仏を信じたことにもなりましょう。

明治維新以後は、急速に新時代の波に押され、特に西洋医学の、顕微鏡によるばい菌の発見や、モルヒネの注射の効果、外科医の手術の神技に驚嘆することになり、密教とは空海の教えであるのに、空海滅後の誤った解釈と、教理以前の修験派の行者の行なうものを密教と誤解したことから、世間の眼もこれを正邪の区別なく、迷信邪教の源泉、異色仏教として退けるようになりました。

明治大正の仏教界は浄土教の手に握られて、密教に正しい造詣深き学僧も敬遠されてしまいました。大学教授には真の密教に精通された学者は登場せず、真の密教の学者として博士号を与えられたのは、終戦後の高野山大学の栂尾祥雲《とがのおしょううん》教授が初めてでありました。

このような実態ですから、一般寺院の僧も仏教系大学の教授でも、学と修行の一致した僧が少ないのです。私の処女出版を読んで讃辞を贈り下されたのは、僅かに高野山大学学長をされた伊藤教授と宮坂宥勝教授それに田中千秋教授だけでした。次に出版した『親鸞と密教の核心』に至っては、実修をしていない学者では到底理解し得ないと思っています。真剣に信心と向き合わない学者には、密教の核心、即ち「加持」こそ即身成仏の要であり、絶対他力の易行道であることは解けないのであります。密教辞典を引き合いに出す程度の頭信心では、空海大師の『即身成仏義』は残念ながら、実践密教として活用できません。唯大師のお書きになった文を引用するに止まる状態であります。

このようなことでは、本山の権威あり伝統ある教学所や布教師に期待しても、真の菩提心ある有識にして、実際に大衆と共に悩み悲しみながら救いを説く師が少ないのは如何とも難いことであります。ここに於て私は、隠れたる道念高き良師との結集を希うと共に、大仏造立の勝縁によって、直接真の仏の声を聞こうとする菩提座の仏縁が急速に高まることを信じたいのであります。

私は、今の日本で一番欠け、国民が忘れていることを遅蒔き乍らも特に挙げたいのですが、それはあの第二次大戦の戦歿英霊は勿論、犠牲者の慰霊が遺族の間には行われていても、国家的国民的責任に於いて行われず、敗戦のゆえに、恰も犬死の如き考えで葬っていはしまいかということです。特に神社神道では救われない御魂もあると思われるので、尚更であります。戦後に編集された戦記によっても、考えられない程の悲惨な最期と、加えてぞんざいであったらしい屍の取扱いを見れば、高天原の神々の祝詞ではとても神にはなれないと思われます。高遠な救済の哲理に立つ毘盧遮那仏の境によってこそ、初めて成仏できると信ぜられます。

今英霊に一番敬礼すべきお方は天皇陛下であります。陛下はお詣りしたいお心持なのでしょうが、政治的配慮からできないでいます。

国民感情としては靖国神社をそのまま国家護持したいと希うのですが、これには多くの危険性が含まれます。私は靖国神社は宗教ではない、国民道徳の機関であるとして、国家護持すべきだとする論文も書いてきましたが、神社で実際行われているのは、維持費の工面のためでもありましょうが、全く宗教団体同様の仕事、神道行事であることを知ると、とても今のままの法案は通る筈もないのです。これを知る上は結果論になりますが、靖国神社と遺族会の一部の方々が、英霊の国家護持の精神を敢えて抑えてきたのでないかと考察されます。

英霊は決して靖国神社や護国神社のものとすべきではなく、国家国民全体が永く平和の礎として顕彰すべき義務として、韓国のように、一定の宗教に専用させず、どの宗教の者でも自由に詣でて心から慰霊感謝の真心を捧げるようにすべきものと考えます。

そこで、私は先ず銅板に英霊の名を刻み、同じく勝れた日本文化を伝えてきた先祖の名も刻み、共に大仏の体内及び基壇に取付けて、この青銅大仏の続く限り、昭和の時代の国民大衆の真心の結集によって、奈良大仏に遠慮しつつも、昭和大仏を立派に仕上げたいのであります。

昭和の年代は史上最大の国難に遭遇しながら、又世界一の繁栄にあふれております。これを身に触れて知る者として、各位の御協力によって即ち万人の名を集めることによって大仏建立の盛業を成就せんとするものであります。

大仏造立は、この国民全体の忘れ物とも言うべき英霊供養と共に、来るべき二十一世紀は真言密教時代であり、真言密教とは他の宗教を排斥することでなく、総ての宗教の奥底に大日如来の真理の光が眠っておることを教え、その実践道を掘出さんとする為に発願したものであります。そして、これを以て世界平和の根本理念の一大炬火としたいのが大仏造立発願の趣意であります。

この趣意に対して、地元青森県の各界代表人物を発起人に、またその他の有識団体の奉讃協力を戴くに至ったことを深く感謝し、且又会員の皆様には、自家の外に有縁の方々に説いて、青銅板にその名を刻み、以て願わくは仏恩に報いる勝縁に結縁されんことを。合掌

（昭和五十五年四月号）

19　報恩謝徳

今年は、私が真成院に住職して四十一年、処女出版の『高尚な密教の加持力』を施本してから十年目です。この本が元で今日迄、毎年一冊の出版となっています。このように、拙ない文章ながら本も出せるようになったのは四谷霊廟も完成して一段落ついて何よりも朝夕の修法に専注できるからです。静慮の中から仏智が生まれることは、自ら体験し、証明できるのは、私が生来の愚鈍者で、学力・学歴とて自慢できるもの一つもなく、検定適用で大学選科を出たのみですから、土台になる教養のない為、人一倍精進したお陰と感謝しております。私は、生来手先が不器用で、字も絵も下手です。従って六十五歳の時に、学友たちから、君がこんなに本を書くとは想像できなかったと言われ、笑って聞いたものです。

僧階は昭和二十六年に頂いた権中僧正です。青森別院創建の功績による二級特進でした。十年前の三十六歳の若い時のことです。更に五年後に、中僧正を受けるように、東京支所長から言われましたが、私の学んだ高野山大学学長がその頃中僧正でしたから「とてもそのような過ぎた位は身に重過ぎて受けられません。このままで沢山です」と辞退したものです。それから、青森別院の伝道会館の鉄筋四階建てが二棟、東京の復興の義務を果たすためには、檀家、信者の少ない中での、個人の借金と布施の収入が主でしたが、幸いに一部の奇特な信者の協力で今日に至ることが出来ました。

このような苦労苦心があったので、多くの人々の悩みと祈りがよく理解できるように思います。学者ではないし、まさか本は書けまいと思ったのが何冊も本を出せるようになったのは、一度鉛筆を握り、頭に浮かぶことを一気に書けるからです。それは長い間の疑問を解くべく考え抜いていたので、真言行の中でハッと気のつくことが多かったからです。

特に皆さんにお知らせしたいのは、従来先徳の講義や解説になかった、新しい解釈が忽然と湧くこと、また旅先でふと手に入れた書物の一行が自分の疑問氷解のよき助力となること、雑誌や新聞が知識の材料になって新しい本の原稿の資料になること、これは出版直前に急に追加することがあって、印刷所を困らせることが屢々《しばしば》です。こういうことから、読者の方々からは、まことに分かり易いと、少なからず喜ばれ、或いは感心されました。このようなことが度々体験されるのは何故かと思う時があります。その時、自分なりに考えるのは、私の書く本は、常に読者の幸せを願っているということです。即ち正しい仏教の知識となり、しかもその知識は、生活の中に必要なものとなり、家庭及び社会の在り方に仏様からみた批判を与えることになるからでしょう。社会に影響力のある地位の人が喜んでくれれば、自ずと国政の改善、行政の改革に力を添えることになるはずです。

特に、世に氾濫する邪教群から一人でも多く正法に転ずるための指標となり、有力な因縁となるように思って書いております。また個人の悩みを解消するには信仰は何でもよいというものでなく、常に真理の光に照らされて、後々に至っても悔いや疑問のないようにせねばならぬと念願しております。このような未熟者の私に貴重な縁を恵んで下さるのが如来の大悲であり、諸天善神の神通力であると堅く信ずる外ありません。

学者は元々本を書く専門職の方々であり、書かれたものは皆それぞれ立派な論文でありますが、読者の胸を打ち歓喜の涙を流させる内容は少なく、単に辞典の中から必要なものを抜いて文章にした如きものが多く、勝義の菩提心、悟りに導くことがなく、高度の仏智、聖智の追究がないようでは、睡夢に堕すこと必至でしょう。

私のこれまでの仕事を省みて、曲りなりにも今日迄元気で、止まることの許されない、声なき仏命を聞く時、多くの人々にお世話になっても、何の御礼の言葉も感謝の贈り物もすることの出来なかったことをお詫びすると共に、心から感謝する気持を、来る十月十一日に大法要として志し、仏法興隆と、皆様の菩提道精進と御健康と御多幸を祈らせて頂きたい存念です。
只今、本尊様の尊前に、供養大壇と仏天蓋を京都の有名仏師の手によって製作中であります。お導師には、私の先輩であり、高野山真言宗の総長である阿部野竜正大僧正をお招きすることになっております。師は医学博士でもありますので、法要後は、医学と密教の講演を御約束頂いてありますから、皆様の御列席をお待ち申します。

（昭和五十七年八月号）

20　感謝の生活

私自身の五十余年の記憶をたどる中に、御恩を受けた方々に、何の御恩返しもしていないことが余りに多いことが、しみじみと想起されます。特に御世話になり、苦しい悩み多き時に助縁を頂いたこと、両親は勿論、他人のお世話になったことをです。病気療養時代の信仰の導きとなった、田舎の信仰者、庵寺もたず、小屋の中で一人の老母に孝養をつくされて、師寺に奉仕していた無欲の聖者石井さん、また真正直な中に厳しい性格にて信仰に徹し、神霊の啓示を正しく受け、しかも職業として拝み屋さんをしてない老寡婦の木村ミネさん、このお二人は想い出すたびに、ただもう感謝するばかりです。

高野山へ登ってからの良き指導者、奥の院御廟前に座っていた、寒中夜中の白衣の行者牛尾さんとの出会い等、多くの神秘力の導きに恵まれた私は、常に自分で判断のできない問題に遭遇した時、明るい光明を与えられたのでした。この三人の聖なる信仰者は、皆無学で、文字を知るのみで、常時本を読むこともない方々でした。けれどもその人の道の正しさ、正義感、正邪の区別に峻厳なこと、同時に神仏に対する尊崇の念の強いことは私たちの範たるものでした。

また、高野山の修行時代にお世話になった遍照尊院での満一年半の思い出、特にお世話を掛けたのは、私が結核の再発で咳込んだ冬期春期の養生中、よく親切を頂いたことで元気になれた思い出、それに法友の師僧にて、修験出の中山法龍師の親交と、降神の作法によって、生れて初めて体験した神霊の力の正確な現象も忘れられません。

しかし、当時の高野山大学の岩鶴教授が学生新聞で、これら修験の降霊法とか気合等は密教には関係のないことであって、一種の奇術的行法《ぎょうぼう》であると非難なさった論説を読み私は大いに感じて、それまでを区切りとして、その後は一心に正純密教の大学講義に集中し、根本経典から得る菩提の道と、衆生済度のよき教理が聞かれるように努力した。皆その時その時の助縁、新知識、道程を発見すべく精進した生活は、修道場（後の専修学院）一ヶ年、高野山大学三ヶ年のことでしたが、その間学友との交際もなく、唯《ただ》一心に修行心が怠けないように努め、講義のノート整理を日々行なったので、本来弱い頭ながらも充実した受法の生活を送ることができました。

けれども、忙しい社会人、苦しむ病者、迷い悩む人々をいかにして、易しく信仰に導くか、その方法があるかとなると、決して簡単なものではなかったのです。とは申せ、私自身が幸いに教えを信じることができたことは、無上の喜びでした。将来に希望を持つことができたのです。大学生時代に私が聴講生として学ぶことができたのは牛尾行者の予言を信じたからです。なぜなら大学を受ける学歴がなかったので入学はあきらめていました。しかし、入学一ヶ年の成績が良かったので、改めて高野山大学選科生として認定されて入学したのです。この為、一部の学生からねたまれ「織田は高校卒の学歴もないのだから正式な大学生としての資格はないから聴講生に戻れ」と云われました。私としては、学校で聴講さえできれば幸いであるからと退学を申し出たのですが、学則上非がないとのことで教授方から慰留されたことや、四年間学ぶべきものを二ヶ年で全単位を取得したので、最初の聴講一ヶ年を正式な大学生として破格の認定を得て修了証書を頂いた喜びや、しかも一級上の僧位僧階を与えられ、またその上、国内留学生として京都大覚寺に一年間事相を学ぶ許可をもらったりと、恵まれた待遇を受けた思い出は、家を出て親の意に逆らって入道した罪が許されたことの喜びと共に、死ぬまで忘れられないでしょう。これも蓮華《れんげ》定院《じょういん》の添田《そえだ》前官《ぜんがん》様の大きな外護のお蔭でした。

そして大覚寺門跡藤村大僧正の室に入り、ここから歩いて四国巡拝をしたり、東京別院に入って山田覚初阿闍梨に教化され、これが縁で、野田山の松橋前官から虚空蔵求聞持法を伝授され、静岡の岩淵で虚空蔵求聞持法を修すことができたのです。しかし、大恩を受けながら何の報恩することなくお別れしたこと、戦災後、郷里青森の高野山別院を建てようとし、焼土の土地を買い求め、別院創建の苦心の中に結縁して協力世話された多くの信者方、特に堤《つつみ》隆興尼が大檀主となり、原野山林二十余町歩の寄進を受けたこと、一方東京真成院の再建に、五十軒未満の檀家の浄財にてバラックの仮本堂の工賃を集めたこと、更に夢想家と笑われながら霊廟の建設に、無一文無収入寺なのに昭和三十年から、多額の予算を要する構造で、十五年目にして終に現在見る寺院を建立するに至ったこと、それもこれも多くの方々からの有形無形の援助があったからです。

詐欺に遭うた苦い経験を乗り越えて、漸《ようや》く落着いた時、本来の三密行と、入道四十余年の体験を毎年一冊ずつの密教書として世に問うて今日に至った幸せは、長年の苦心苦労と、これに助縁となったさまざまの良き縁、厭う縁のお蔭です。誰人の前でも、自分が体得した信念ある教学を公開できるようになりました。

想うに唯々感恩感謝の心一杯ですが、何一つ報いることなく来たことを反省させられます。心を以て施すばかりの愚僧は、唯《ただ》感恩の想念で、既に亡き人々の御霊に菩提を祈り、現世の人々の恩に多幸を祈る外なく、一日二十四時間も、睡眠数時間のほかは、私的なゆとりのない生活です。一日五時間の三密瑜伽行、信者の手紙への返信、読書、原稿書きから、出張の時の車中の祈りも欠かせないのは、抜苦の依頼に応ずる仕事に外なりません。不思議にも電車の中で読む新聞に、貴重な記事を発見できるのも有難いことです。何か御仏のお恵み、知識の資料を授かった思いです。

昭和大仏建立に、全国の会員方から、或は本をお読み下さった縁で参加されるお方も少なくないことも、ひたすら感謝するばかりです。これは、貧しい私ではありますが、法身大日如来の大慈悲の現われであり、平素の力足らぬ私への諸天善神のお恵みの外ないと信じて、唯々有難さで一杯です。

今回、高野山東京別院の大書院百三十坪の無償譲与を受けることになったのも、昭和大仏建立の前事業として、大きな力となることで、皆様と共に感謝いたすところであります。大仏さまをお迎えする広い書院お座敷が、新しい青森の聖地に移転するのは、おそらく八月を期待できそうです。大仏こそは人類の報恩謝徳の象徴なのであります。

（昭和五十六年六月号）

21　南無大師遍照金剛

わが密門会の機関誌『多聞《たもん》』も創刊以来既に第五十号を迎えました。振り返ってみますと、大日如来を本尊とする教理を繰返し乍《なが》ら述べてきたのです。大師は、密教修禅の聖地として、高野山に伽藍を建立されました。大師の最も力を入れたのは根本大塔でした。真言密教の教理から言って、根本曼荼羅の意による、総持の根本仏は大日如来であります。大日如来から四仏が現れて、更に一切諸仏が展開して、衆生の機根に応じて、即ち救いを求める種類に応現して、一人の落伍者もない大きく広い誓願の表示となるのです。

したがって密教寺院のそれぞれの本堂の本尊さまは、住職の発願によって、種々異なるのが特徴です。長い間、真言宗徒のお唱えする仏名が統一される筈がありません。

鎌倉時代には諸宗が開宗しましたが、一宗の本尊さまは決まっておりますから、その仏名も一定しております。浄土宗は阿弥陀如来のみ安置しますから、このお寺の本尊様は何仏ですかと聞く必要はない訳です。また禅宗寺院でも釈迦如来が本尊ですから、仏名は南無釈迦牟尼仏とお唱えします。日蓮宗は法華経信仰ですから、南無妙法蓮華経としてお題目を本尊といたします。まことに統一されております。

ところが、真言宗はお寺によって本尊さまが異なり、御堂に於いても安置仏によって御堂の仏名に随ってお真言を唱えるのです。鎌倉仏教に比べると、まことに複雑で、大衆信仰としては何となく信仰がまちまちで、統一性がないのです。

密教は弘法大師によって集大成せられ、また大師の解説によって雑部《ぞうぶ》の密教を整理区別して、しかも一切諸仏、一切の仏教を総合して曼荼羅の上に配置して、円満なる信仰を樹立したのです。そればかりでなく、大師が自ら大日如来の境界に入る金剛定《こんごうじょう》に入定せられたことは、他の宗旨の祖師方には見られない事実であり、しかも世界の仏教史上にも、一宗を開いて金剛定に入られたお方はないことを知ると、仏教最後の大哲理と実践法をお遺《のこ》しになった大師と、教えの根本仏たる大日如来とを合せた信仰が起るようになったのです。

大日如来の別名は「遍照《へんじょう》」と申します。この遍照の信仰即ち大日如来の信仰と、その徳は金剛の如く堅固で、ゆるぎない救いであることを、遍照金剛の信仰としたのです。京都東寺や新義真言宗では「南無遍照金剛」が、統一された一宗の宝号とされてきました。ところが、高野山では、「南無大師遍照金剛」とお唱えします。しかも弘法大師を拝むのです。いずれの本尊、諸仏の安置される御堂であっても、その寺の本尊仏の御真言を念誦してから、最後に必ず「南無大師遍照金剛」と唱えるのは、大師宝号と申して、宗祖の師恩を忘れず、即ち大師の教示によって常に密教が明らかになり、信仰が成就することに感謝するのです。

後にはそれのみでなく、弘法大師の御誓願を信じて、感謝の御宝号、または大師に直接お祈りすることになってきました。殊に同じ真言宗でも高野山真言宗は、その特徴として、祖廟中心の真言宗ということになりまして、特に大師の教えを宣揚して、南無大師遍照金剛の御宝号が目立っております。大師の教えの根本の大日如来の信仰よりも、真言宗とは弘法大師を主本尊とする教えであるかの如き感を与えてきました。これが果して大師の御心に叶うものであるか、問題にならざるを得ないと申す学者も僧侶もある訳です。

さて、茲《ここ》で密門会の会長としての私はどういう解釈をしてきたかということを、今更乍ら《いまさらなが》申し上げる必要を感じるのです。この真言宗の本尊についての論議には、さまざまな議論がありました。弘法大師が全真言宗の本尊であるとした学者もありますが、私は反論しました。若しそれを認めると、弘法大師以前には密教に本尊が無かったことになります。

ところが今日、真言宗団の布教方針は、大師の教学よりも、大師の霊格を宣布する如き感を与えると云われ、折角《せっかく》の勝れた真言密教が、宗祖信仰、個人の霊格信仰に堕ちるのでないかと憂うる大徳方もある程です。いずれの宗旨でも宗祖を大切に尊信しますが、宗祖の名を念仏や真言にするところはないようです。

そこで私は、大師宝号をお唱えする信仰内容は、
大師と共に大日如来の絶対慈悲に帰命します。

との意味だと解します。即ち、大師の教えによって、大日如来の絶対なる慈悲にお委せして、不動の信心を頂きましたという意味としております。こうすると、大日如来の真言のみでもよいし、また、大衆と共にお唱えする宝号は、大師のお誓願たる衆生を成仏に導いて止まずの御心をそのまま信じるから、大日如来即ち遍照に帰命してゆるがずとの真言になるのです。これが金剛であります。

それに、大師を信仰するのも、大師は大日如来と一体になった仏様であるとの信仰であります。大日如来になっていなければ、本尊として拝む対象になりません。単に教えの祖であるということに止まるからであります。

大師の信仰は日本人として自然の情でありますが、仏教は一人格信仰であって

はならないのです。「法」即ち教えを中心とするのですから、この意味で世界宗教としての内容があることを自覚して、人類の最極の宗教とするならば、やはりいかなる諸尊を本尊としても、大衆共通の真言は、大日如来の仏名真言にしかないと信じております。

（昭和五十六年十一月号）

第二章　懺悔滅罪

『日本再生の鍵』（絶版）より

懺悔が歓喜となる

仏教ではその入信入門の初めにこの懺悔滅罪を説きますが、自らの懺悔だけでは済まし切れないので仏に頼むことになるのです。これが懺悔の道であります。後生安心《ごしょうあんじん》を得たり、一切の欲を投げうって空に入り、大死一番の勇猛心を持てばよく業障を消すでしょうが、それは罪の自覚あってのことです。大死の悟りは業に随順して悔なき大決心であり、業が消滅するのは、自己執着がなくなるからです。無我そのものの時です。

現世利益の救いを求めずにはいられないのが一般人の赤裸々な実態です。自分の努力によって得る果報では足らず、より以上の欲願を持つのに応じて、信仰心を遂に欲の塊にさえする宗教もあるほどですからよく注意すべきです。

これに対し、だれでも許し合う、そしてだれしも求め得て他人に迷惑を与えず、無限のご利益の宝を授けても減らないのが、如来の大悲、加持力であります。この如来の大慈悲は衆生のために、平等に施されているのですが、与えられながら、この徳を円満にいただくことのできないのは業障ゆえなのです。この業障を消す方法が懺悔です。

私はよく、祈り求めるよりも懺悔しなさいと申します。懺悔と平行して慈悲の泉が湧出するのです。ところが、この懺悔のことを至って安易に解し、反省や、懺悔文を三度も唱えれば罪障が消滅し、直ちにご利益の果報にあずかるものと甘く考えているのが大方ではありますまいか。

今、懺悔滅罪について仏典の文を左の通り引用致します。「往生礼讃偈《おうじょうらいさんげ》」です。

「懺悔に三品《さんぼん》あり。上中下なり。上品《じょうぼん》の懺悔は身の毛孔の中より血を流し、眼《まなこ》の中より血を出すものをば上品の懺悔と名付く。中品《ちゅうぼん》の懺悔とは総身に熱き汗毛孔より出づ。眼の中より血の流るるは中品の懺悔と名付く。下品《げぼん》の懺悔とは、総身徹《いた》り熱く眼の中より涙出づるをば下品の懺悔といふ……流涙流血等に値はずと言へども、ただよく真心徹到するものすなはち上と同じ。云々。」

毛孔より熱い汗を流し、まなこを充血させるほど熱心な懺悔の姿を見ることがありますが、伝説にはあっても今日では文字どおり血涙を流すことは考えられないのが普通です。下品の懺悔は全身に徹《いた》る熱い涙が流れるのが普通です。その感じのない懺悔では足らないわけです。そこで私は考えますに、真実懺悔の心を表すとは、血の涙が出るほど忍ぶ供養、人のために奉仕し、あるいは施し、あるいは三宝に供養して悔いない心、本当に真剣に仏に奉仕する、身を捧げ働くとの意に解しております。したがって、お寺や僧侶は、よくこの尊い至心懺悔の信者の心を忘れず、私に用いず、常に三宝に供養して人々の幸せを祈って法を施し、仏様から頂いた施物として感謝してこれを受けるようにするのが、真の福祉精神であると思うのです。

大阪の昔の四天王寺は、聖徳太子が四院（施薬院・療病院・悲田院・敬田院）の社会事業を行われた所と伝えられております。その四院の中で、施薬院で医療を施すのは仏様からの賜り物として与えられ、これを受ける者は、今日のように権利だと思わず、感謝の心で受けたから、よくその実効があがったものと考えられるのです。寺へ入る収入、施物、供養料が続かない時代になってこれが断絶されたことは残念なことです。世の気の毒な不運の人のためにそのような福祉事業は必要ですが、自ら勝手な生活、自我中心の振る舞いをし、無慚無愧の行為により人々から嫌われるような社会の落伍者までこれを受ける権利のあることを主張するような今日の社会福祉はどうかと思うのです。このことはかえって福祉法の破壊につながるものであると憂えるのです。

要するにせっかく金品を与えられたら感謝の心で受けるところに人の幸せがあります。価値観の立体的な心というべきで、単に権利としか考えない人の心は、いたって徳のない平面的な、価値観の低いものです。金品貧しくとも心豊かな人は、生き甲斐ある生活を送るので、必ずや臨終の死相は仏相を示し、迷いと誤りの人は、不満と苦相を示すことは仏経に説かれているとおりです。私たち仏教者は、心の持ち方が、肉体の相、即ち、人相にも示される事実に深く注意して、自信のある教法の資料とするべきだと考えております。
人は権力、富、あるいは知識や技術があっても、結局心の円満さなくしては残るものは空しいものです。どれほど社会の思想学問が変わっても、永久に変わらないのは心の招く業の真実であり、平面を飾った人と、真心の正しい人の区別はこの業による人相によってわかります。死相が決めるのではなく生きているうちから違うのです。（このことは『密教祈禱の秘密』に詳述）
人の非を責めることより、我が非を反省し懺悔するならば、寛容の心も生れます。ただ、公私の別は厳しくつけることも大切に記憶しておくべきものです。
懺悔する心はやがて歓喜となります。そして懺悔は私たち人間がすると同時に、仏様も共に懺悔して衆生のために涙を流されておることを忘れてはなりません。
私達僧侶が読む経文の一節に
無始輪廻諸有中　身口意業所生罪　如仏菩薩所懺悔　我今陳懺亦如是　帰命頂礼大悲毘盧遮那仏……　懺悔随喜勧請福　願我不失菩提心……

とある。この意味は、初めのない永い永い間輪廻して、身、口、意、の三業によって罪を生んだ罪です。仏も菩薩も懺悔する所です。自分も今このように懺悔し罪を告白し、大日如来にこの罪を持ったまま帰命いたします。との意です。そして、罪ある者、自分、が懺悔することができて救われる喜びを示しているのです。仏菩薩も衆生の無始以来の、身口意の三業によって造った罪を我に代って懺悔して下さっているのです。そして自分も菩薩心を失わないで、歓喜して福をお請けします、との意味です。まことにもったいないことに、私たちの罪を仏様が悲んで懺悔して消すことに努力されておられるのです。どうして自分が懺悔せずにいられましょうか。

懺悔と業を知らない現代人

懺悔は単なる自己反省とは違います。悲しみであり、仏恩を感ずる大きな感激です。懺悔など古い因習のカスといわれ、社会進歩に邪魔をするものといわれ、資本家の手先の邪法だという者さえあるには全く驚きます。日本の歴史というか、東洋の歴史、否、仏教国の歴史を見てわかることは、仏教国日本の封建時代は、非仏教国であるキリスト教国、イスラム教国に比して、その当時の為政者、金持ち、地主階級にしても、現代人が創作する映画や小説と異なって、想像以上によく農民を認め、商人も一般労働者も生活の立つようにし、礼儀を尊ぶだけのゆとりを持っていたし、人情は豊かで、物質のない時代としては、外国のような奴隷の搾取はなかったのです。それは封建時代でありながら、仏教が平等に人の心を導き、布施と慈悲の尊さを教えたからです。それに対し、己が為した悪業を恐れることは、仏教の信仰から生れた道徳であり、人心の律であったからなのです。少なくとも近い者たちの助け合いは行なわれた訳です。

こうして見ると、かえって現代こそ、懺悔と業を知らない文化人や資本家や一握りの大衆指導の権力者が、大手を握っている。その内心は秘かに己れの地位を保ち、私《わたくし》に富を利用しようとしているのではないでしょうか。

現代は、悲しいかな権力者といわれる大組織、大団体の幹部や企業家、高級官僚も、往々にして自らなした仕事の中に懺悔を要する事実、業因がなかったかを、素直に反省していない。審判は選挙でも裁判でもなく、自分の心に流れる良心がくだしているはずです。

良心の呵責

自らの悪業を内心の良心に呵責するうちはまだ人間ですが、良心に恥じなくなった時はすでに人間以下の、悪魔といわれる世界の存在です。その業果は真に強いものがあるはずです。その人の強いうちは、禍報は身内の者に起こったりしますし、うまく富を得てもかえって富のために苦しむ問題が身近に起こることに注意したいものです。世間によくあることで、巨億の財を握りながら、病苦と臨終の孤独な末路は、生きながら地獄に住んでいる様なものであります。たいていの人は、死の近きを知って、懺悔心がおこり、菩提心がおこるのですが、ただ物、金、権力を求める人は、死んでもその欲を捨てずに業果に沈むことになるのです。棺の中から手を出すような心です。

人はだれも完全者ではないから、事に処して誤りもあり、間違いも、落ち度も、無礼もありますが、これは懺悔することによって許されます。しかしその反省も懺悔もしない者は、常にその罪によって人の怨みを買うことになるものです。これは仕事や事業の上の競争と異なり、潔く、懺悔することが望ましいし、またその人のためです。

私が近頃、特に感じますことは、医師のことです。医師には特権があり、自分の診断や処置に誤りがあって患者を死に至らしめても罪になりませんが、最近は極端な処置による失敗で訴えられるケースが多くなっております。しかし医師だからといって、ことごとく適切な診療処置ができるものと期待する患者側にも大きな過信があるのです。一々死亡したものが、生かせる手段をしなかったと訴えられては、医師になる人がなくなってしまうでしょう。病気を治すのが医師の本業であり、目的であります。責任ある医師は、不幸にして治す自信のない時はそのことを正直に患者に話して、了解を取るべきであって、それをせずに事終わった時は、深く懺悔すべきものです。これができない者は、心の狭量な人です。自分が悪いのでない病気が悪いのだ、医学上では精一杯の最善の処置であったといぅかもしれませんし、その考えも一理ありますが、自信のない時は、その由を告げて患者の自由な求めにまかすようにすべきでありましょう。私のよく聞くことは、見込みのない診断をしながら、手術をしたり、新薬で試みるが多く、仮りに手術をしないように希望しても、手術の諸準備をしたからと、威圧的に手術することが多いとのことです。たいてい突如何日に手術すると宣言します。それでうまくいけばよいが、いずれにしても手術が病院経営上必要だというのであれば、その罪の深さを計らざるを得ないのではないかと思うのです。このようなことには、多くの患者が目覚めてきて、最近の諸々の訴えの中には、注目すべきものもあります。

もっとも、過度の損害賠償を求める側に不純な気持を見透かせることもありますが……。

人間だれでも過ちがあります。釈尊の弟子の目連尊者の母もそうでした。目連尊者は、母の死後の行先を神通力を以って探したところ、餓鬼道におちておりました。空腹でやせた我が母の姿を見て、直ちに食を捧げ供えると、母は喜んでこれを手に取ろうとしましたが、食物が火になってしまうので悲しみ驚きます。そこで尊者が釈尊にご相談をいたしましたところ、釈尊はお前の母は生前にお前を可愛がっていたが、そのため他に施しをせず、ことごとくお前のために貪《むさぼ》りの心で育てたのである。その業が、即ち貪欲《とんよく》の業のために食物は火に見えるのである、その業を消すにはお前が母に代って、多くの善知識に最大の供養をするほかないのだと申されたのです。お盆の行事は元来が善知識たる僧に供養することなのです。これに因《ちな》んで仏教徒がお盆の供養を行なってきたのです。

自分の罪を秘密にしても、良心が己を苦しめます。食が火に見えたり、美食が汚物に感じるのです。業とはそのことです。もし医師が自分たちのために都合のよい法律を作ったとしても、その心は自分が一番よく知っています。患者の生命肉体を利用して、私腹を満たしたなら、その記憶は消せるものではありません。特権者ほど、この良心によく照らして、よく自分の業が善か否かを計り、罪と気付いた時は直ちに懺悔の生活を忘れてはいけません。これは、患者も知らずに死ぬのですから、怨念ではなく、自分の引業であるから、なおさら懺悔すべきです。怨恨には逆恨みもありますが、これは、こちらが正しい心を堅持することによって害を蒙ることはない性質のものです。少なくとも信仰の正しい人は無事を得るものです。

本能欲だけで生きることは畜生と変らぬ

懺悔なきは業因を引くとは、誤りの反省がなく破戒、無道を意に介さない人の場合です。いわゆる十界と申しても、人間の心の中の分類で、人間より下の者とは、地獄、餓鬼、畜生、修羅の世界です。修羅以下の心の持ち主は、反省もないし、懺悔もありません。悪を行ないながら悪と思わないからです。即自分と、主義を同じくする者のみが良ければ他の者のことは意に介さないとの心です。そのため我意をどこまで通すのと、その行為を正当化するためにあらゆる宣伝活動をして、知らない人に自分の考えを認めさせる手段を取るのです。その時は相手を口ぎたなく罵り、人間の尊厳さも、個人の人格をも無視することを平気で行なうことになるのです。この修羅の最もひどいのは革命戦争です。暴力団も平常から人間らしい常識が欠けた気の毒な欠陥者で、自分たちのやっていることは正しい世界だと考え、その世界だけに通ずる道義観はあっても、懺悔心の甚だ希薄な存在です。真の仁侠とはそんなものではなく、不動明王のように悪に対しては自分は犠牲になるとも悔やまぬ尊い心境に近いものです。もっと下の心理状態を持つ人間は、畜生道にある者で、全く理性の見えない、動物欲の人です。すなわち本能と快楽のためには恥も外聞もない懺悔なき心であります。

現代の日本も、アメリカも、文学や、映画、テレビの映像を見て、真に困ったことと思う人はまだ人間らしい心です。今はセックスが謳歌され、人間の本能欲、動物欲が讃美され、これを芸術とか文化が高いなどという。稀に裁判沙汰になっても、弁護側はなぜこの問題だけを非とするのかと反論し、法廷外の畜生心の後継者の応援もあってか、軽罰になっているのは残念なことです。補導される非行少年が増えるのも無理はありません。この元はといえば、表現の自由と言論の自由によって人権を主張できる法律、憲法が悪用されているからです。この業界は次の世代へ業引されていくのです。

仏教では、戒律を法の実行の要め、主軸としています。すなわち人間という生き者は、菩薩や仏にも神にもなるが、五欲という本能欲を自由に行使すれば、それは、畜生に変わらぬ者になって、懺悔心が起こらず、菩提心、すなわち最高の理想を求める心がなくなることを恐れ悲しみ、仏陀は、戒律を定め、苦界に沈むことを防ごうとしたのです。文化文明の解釈は人それぞれ自由としても、仏教は、常に人類の永遠の幸せのためにある教えであって、それにはそれ相応の真理があるのです。最近はむしろこの真理に反する者、反する集団が横行する現状です。これはお経にある正眼の猿と片眼の猿の喩えを思い出させます。ある山に両眼のある猿が一匹おりました。そこへ片眼の猿の群れが来て、おや、お前の目は二つ開いているがおかしいではないか、目というものは一つ開いているものだよ。ごらん、この通り我々の目は一つしか開いてないではないか、二つ開いているのはお前だけだよ、と嘲笑したのです。そこで両眼の猿は自分の顔を水鏡に映したところ、確かに目が二つ開いている。確かに自分は不具者だ。それでは不具者でなくなるために、自分の一つの目をつぶそうとして、石で目を打って潰したというのです。この寓話にあるように横行するまちがった思潮にだまされないようにしたいものです。

また、群盲象を評すという喩えは広く知られている経典の比喩です。即ち盲者が象に触って語るのに、足に触れた者は象とは丸い柱のような生き物だ。耳に触れた者は、象とは柔らかい団扇のようなものだ。鼻に触れた者は、太く短い蛇のようなものだ。胴に触れた者は、壁のようなものだと申します。これは象の全体を見られないから誤りが出るのですが、ここで仏は多聞、多見を真実を知る上の大事として尊びます。それなら多く聞き多く見るため、学問に精進努力せよというとになるのですが、ここで大切なことは真理を悟ることです。

多聞といっても限りがないことですが、肝腎な要点に眼を向けなければなりません。要するに真実の世界では、物とは同時に識である。心のない物はない。物そのものが心の表われなのです。物には皆心が通っている。そして悟りを得ず死ぬと人は死んでも滅することなく業となって続くことを知るべきです。仏の教えをよく聞くことを多聞といいます。

深い懺悔心がなければ現世の救いはない

真の信心は宗団の中にあるのでなく、まさに真智の世界にあります。邪教にとらわれた人は、深く懺悔すべきです。先祖の霊が迷っているから供養せよというが、自身の〝迷い〟を忘れているのが多くの新しい教団の実態ではないでしょうか。仮に先祖の霊が迷っていても、現在の信仰が迷っていては、どれほど経文を読み題目を唱えても霊の救いはあり得ません。現在の自分が仏の光を得た時は、仮に先祖の霊が迷っていても、その悟りの法徳によって解脱するものです。禅宗の高僧伝の中にあるように、善知識の高僧を泊めただけでも祟りが消えるものです。よく山の修行場で、霊験を求むる行人、つまり悟りを求めないで法力だけを求めるような人が無想無念の境地に入ろうとして、逆に魔神に魅入られることが多くあります。これは山林の行場に限ったことでなく、大都会の真中でも、迷信を信じて熱心に真言念誦行や、唱題行をすると同じ現象が起こるのです。よく何々教団の法力で霊が出たという話は、すこしでも験《しるし》のようなものがあれば、信者方が霊験としてさわぐのを得意とするような魔の所現によることもあるのです。正統仏教ではそのようなことを魔事として注意をしているのです。

先祖のための懺悔行でなく、自身の懺悔行が大切です。なんでも先祖の罪にして、自分は何も悪くない、霊が障っているのだと、むしろ被害者だと思わせるような教えは、果たして正しい仏教でありましょうか。ご利益や証を求める前に深い懺悔心がなければ現世の救いはありません。人は信じこんでいる時は、あばたもえくぼの喩えのごとく、禍いさえご利益と盲信しがちなものです。よく罪障が深いといいますが、それが昔からその家にまつわるものだったといった話は赤信号です。自らの宿業と今の迷いに早く気付きたいものです。前述のように真実の懺悔心こそ、菩薩心の始まりであり、懺悔する心は大罪をつくらないものです。

正統密教に「因縁切りの法」はない

『難病を救う真言密教』を刊行した時に、読者の中から、「密教とは因縁切りの教えでしょう」との書評がありました。一人は医師、一人は弁護士先生でした。

私は、この書評を読んで、考えさせられました。

凡そ、仏教は全て迷いによって苦因を作り、悩み、諸因が起こると説きますが、悟りによって切れるのです。抜苦《ばっく》の法とは、悪因、悪業を懺悔し、あるいは如来の願力、すなわち、大慈大悲によって救われるのであると、一応は説きます。心の安らぎは勿論のこと、病苦も救われ、災難を除けて下さるのです。これが、禅宗、浄土宗、真宗、日蓮宗などにしても、皆、法を聴き、修行するのも、また、如来の願力にすがり、一切お委せするのは、いわば、悪因を消したいからです。因縁とは、善も悪も皆、因縁です。まさか善因を切るためではないと思うのです。要するに悟りを開く以外ないのです。正統密教では、特に因縁切りの法というものは伝法しません。破地獄《はじごく》の印というのが真言宗の葬式にありますが、これは、死者の引導作法なのです。

密教徒をとかく誤まらしめることになるので、注意せねばならないことがあります。因縁を切る印や真言によって、罪業が消えるというのは、自分から罪の自覚を呼び起こす方便であります。印や真言で、一々の作法があることは、一つの方便でありますが、長期の滅罪修行としても、これは生涯の心でなければなりません。

しかし、一方では次のような者もいます。先ず、大超能力があるとして、人々を騙して、金を集めます。そして、その超能力に引かれて来た人々は、早速相談にのって、一々その原因を解明してくれる超能力者だと思ったところ、逆に因縁によってこの禍が起こったのだから、貴方は因縁切りの行をしなければならないといわれる訳です。しかし、これでは折角の密教の意味はありません。また病気が重くできれば手術をしないで超能力で助けてくださいと頼むと、この病人には刀杖の因縁があるからメスが身体に入るのは已むをえないことです、とごまかすようです。一応は宗教家らしい指導のようではあるが、これは巧みな逃げ口上であり、長期のお金のツルにされるでしょう。要するに法力で解決できないから自分で修行しなさいというわけです。

真言密教では、現世利益に関しては、因縁の深き罪人でも、病気に対しては加持力の霊妙さは即下に現われるのであり、難症程、如来の大悲が深いのです。阿弥陀如来の本願力は、罪悪深重の者でも済度して下さるが、我が力で懺悔しても、積徳の行をしても、とても我が造りし業は消すことはできない。ただ大慈大悲の如来様の本願力を信じ頼むしかないと自覚する時、即座に救われるというのです。それにしても、「一闡提《いっせんだい》、五逆罪」の者は救われないと断わっております。一闡提、五逆罪の者とは、要するに、仏の信心もなく、父母や羅漢を殺し仏を傷つけ、僧団をかき乱すという意味です。

ところが、密教は此の一闡提、五逆罪の者でも、自ら深く懺悔するなら、救われるというのです。

これ程、有難い密教の教えです。三密加持すれば速疾に救われるというのが特長であります。病気の救われるのは、「悪因縁」があっても、不思議にその多くが治ることとからわかるものです。少なくとも、苦痛は去り、あるいは、軽くなるのが普通です。もっともお陰をいただいたら懺悔供養すべきです。本書に度々述べてある通りです。

因縁切りが信じられないで、私の寺に来た人が、前の因縁切りの所では、因縁を切らないと治らない難病とされたものが、簡単に救われるのは、偶然でしょうか。正しい教えに理解力のないのは、魔の憑依と思われるので、邪教から離れなければ救われません。長年信じ、相当金を納めていると、なかなかその面の実績が捨て難いのが人情です。これが、素人の甘い信仰観なのです。

＊

この如く、密教の名を用いる「大僧正」はあちこちにもあります。しかし、本山、高野山真言宗の大僧正は、立派なお方ばかりです。あまりにも人が好いので、邪師に巧みに利用されて、邪教の広告塔にされ、後悔しているお方がいる位なものです。

無我の悟りによって業から脱する

実際、私なぞは、とても祖師の教えは満足に体験できません。殊に、三密修行の修法の中の「五相成身観《ごそうじょうじんかん》」等の観法は、何度もやってみましたが、私の能力では、死んでも、生まれ代わっても、精進努力しても、成就できません。親鸞聖人も、法然上人も、叡山で長年修行しましたが、とてもこれら観法では成就できないと、正直に反省されて、下山したと思われます。密教の成就は誰れでもが簡単に得られるものではないといえるかも知れません。けれども、全国には、真言、天台の寺院数は二万ヵ寺もあるのですから、人を助けている立派な正師が各地におるのです。この無名の聖師はおりますが、嘘やトリックを用いないし、宣伝もしませんから、世に知られず、たまたま、正師に遇いながらも、それがわからないということになるのです。

私は、昭和十六年に真成院住職になってから、お山におる時以上に、日々修法《しゅほう》しても、自力の観念観法は、とても苦しく、今日こそは、と勇気を出して早朝から堂に入りました。二時間余の修法を終わって出堂しても、まだ寝ている町家もある訳です。それ程、努力しても、自力の成就は得られるものではありません。「求聞持法《ぐもんじほう》」を修した思い出も前著に述べました。また、戦災に会い、全く伽藍が消失した境内に立って、自力修行の虚しさ、世間虚仮《せけんこけ》を心の底から感じて、現世利益のご祈禱はする気になれず、ただ、戦争犠牲者のため阿弥陀如来の絶対他力の本願を信じて、はじめて楽に易行真言念誦行ができるようになりました。

毎日感謝の念仏が日課となって続けたところ、何時の間にか、南無阿弥陀の念仏が、大日如来のオンアビラウンケンになっていたのに気が付きました。大日如来の真言も阿弥陀如来と一体であることに気がつきました。大日遍照の徳と、弥陀の無量寿、無量光とは、一体のものです。生命です。その生命の徳の引出し方が、浄土真宗では、現世利益を否定しますが、事実としてこの生命そのものに信心（祈りの心）が入ると、難病がよく救われるではありませんか。しかも即下にです。大日如来の加持力とは、そのような現実の「果徳」を示すものです。浄土門の念仏者もそうあるべきです。できないのは、感謝の念仏行が無いからではないでしょうか。

　宇宙の生命ということを、最近では、浄土門の人でも、禅の方も、日蓮宗の人も密教と同じように説くのです。一週間講習を受けた布教師も、五十年修法の已《いだつ》達の阿闍梨も、医学博士も、仏教に親しんだ人は、宇宙の生命がすなわち如来であることを悟り、言葉でその表現をいたします。大変な進歩です。

　ところが、大日如来の加持門を信ずる私が、難病を救うと申すと、何故か変な目で見るのは、私には不可解です。「因縁切りの法」とは何と気の長いことでしょう。真言行これが涅槃の行なのです。因縁切りの極果は涅槃です。自分が現世利益を目的とし、超能力を体得するために、因縁切りをするのだとすれば、死ぬまで切れません。これ程、間違った邪道はありません。魔道です。故に、その因縁切り行の人々が反って魔を招き、不幸になるケースが多いのです。自分の欲心に気付かぬからです。やっと気がついて、正しい密教の門を叩いて、教えを求める気持ちにならなければ救われないのです。

正統密教では「即事而真《そくじにしん》」の教えと申して俗世間の生活、その時、その時の事に当って真実を語り、苦を抜く教えなのです。「密教は、顕教にない超能力の教えだから、因縁切りをすれば、何でも叶えられる。」というのは邪道です。

病気は、治すことができますが、死ぬ時期にある者は死ぬのです。そして、不具は不具で治ることは不可能なのもあります。しかし、肢体不自由でも、まだ、病の炎症に苦しむうちは、大いに助かる見込みはあります。因縁切りしなければ、病気が治らないといわれた人が、他の方法で治れば何と答えるのでしょうか。

最近は、余りにインチキ宗教、密教が多く、難病や不運の人が行くと大方、霊の障りとか、また、悪因縁を切るのにお金がかかるとか、上手に創作した話で信じ込ませるのが、彼らの妙術な訳です。それが、僅かにヨガや、人相、運命学、香具師の手品本をあさった人が、いつの間にか自分が主催する宗教雑誌に、専門仏教学者と並んで一かどの仏教者の如く思わせる論文を掲載したり、忽然と大僧正を自称して、登場しているのです。万人の運命、因縁を知ることができる位ならば、もっと即座に超能力を行使してもよい筈だと思わないのが素人の浅ましさです。密教の常識に対する認識不足と僧侶の世界の無智がそうさせるのです。現在は、彼等にとっては法律がないため一夜にして大僧正を名乗れる良き時代ですから、これを知らない素人の過信は、実に哀れとしかいいようがないのです。しかも、そのような邪師の中には、宗教法人でない者もあります。法人格がないから規制を受けないのです。日本の仏教史上、例を見ない珍事です。かかる邪師に乗るのが、悪因縁というべきものです。因縁が切れないどころか、一層煩悩に深入するのです。

正統密教は懺悔を重視しますが、この懺悔滅罪の心が生ずるので罪悪深重の今のままで救われるのだと説いています。このことをよく知るべきです。そして、早く目をさまし、正法に真実を求めるべきです。

このようなことは、独り密教を利用する者のみに非ず、他の新しい諸宗教にも沢山あります。一夜漬けの教師の手で、人の罪を浄霊するという如きも全くの魔道です。

仏教の最も大切な教えは、無我の悟りによって、業から脱することになると教えております。お釈迦さまの直説です。いかなる宗教でも「我」のある者の救いは、真実の教えではなく、魔物の世界です。魔物も魔力で軽い病気は治しますが、すべての人に幸福を与えるというなら、それは、まやかしものです。

第三章　正しい仏教

『増補／密教宝庫を開く』（絶版）より

秘められた宝蔵

密教以外の仏教では救いの法をおさめた宝蔵があると示しますが、密教は具体的に、その宝庫をすぐさま開く方法を説きます。その方法は三密加持によって成《じょう》就《じゅ》することを教えるのです。

仏教の通念では、欲があるから悩むとし、自力の修行によって精神統一し悟りを得る方法を説く法門と、一切の自力修行や経典の解釈に精通することの不可能である、現世に悟ることは期待されず、唯ただ阿弥陀如来の本願を信じ、臨終の時に西方浄土に往生すると信じて念仏することによって救われる、又は阿弥陀如来の御本願を信じることにより往生決定し安心を得る法門があります。こういう仏教に対して、密教の世界は、その教旨が広く深く、単に個人の悩みを解消するに止まらず、社会、世界いや宇宙と密接な関連があることを知らせる法門です。

しかも、一口に仏と申しても、その仏身たるや印度に誕生した釈迦仏という人間釈迦とは別な、大日如来という釈尊の悟りの体験内容である真実の道理を意味する仏で、宇宙の音声、宇宙的生命によって変化流転する森羅万象の動きを以て説法するのです。これでは専門の仏教指導者層でなければ理解出来ないことで、一般信者の目には奇異に映ったと思います。

密教の悟りの道は直ちに現世利益に直通します。たとえば、救病の現世利益を正しく頂く道は、密教の説く加持の成仏道即ち大日如来に救われているという安心立命しかないということです。ですから、心の無限の価値は唯物論的世界からは理解され難いばかりか、精神力を無視すれば「奇蹟」というほかないことになります。現代西洋医学の進歩も、祈りを無視していることを考えると、全く劣った治病方法と断定せざるを得ないのです。

実修の要「檜尾口訣」

ここで、密教についての実修方法の要を取ることにします。

先ず仏前に礼拝をします。五体投地《とうち》の礼と申しまして、立って伏せて礼することです。三返行なって次に坐法に移ります。女性で正坐に慣れたお方は正坐でよいのですが、大方の男性には正坐が難しいでしょう。足が痛むので辛抱する必要はありません。半跏坐《はんかざ》をしてよいのです。半跏坐とは、あぐらのようなものですが、左の腿の上に、右の足を乗せることです。これも、平たい畳の上に座蒲団を二枚折りにして尻に敷くと、腰が自然に立って、姿勢が楽で、脊椎を正しく延ばします。禅宗の坐禅の姿をそのまま行なってもさしつかえありません。普勧坐禅儀をお読みになると間違いないでしょう。弘法大師の阿字観実修の檜尾口訣《ひのおくけつ》でも同様ですから次に紹介します。

檜尾口訣

先づ此の阿字を観ぜんと欲せば、天井も四方も強く迫らざる処にして、暗からず明からず坐すべし。暗ければ妄念起り、明かなれば心散乱す。夜は燈をほのかにかかげて、灯を行者の後方において坐すべし。蒲団を敷き、結跏趺坐《けっかふざ》、或いは半跏坐にして法界定印を結び眼は開かず閉ぢず、開けば散動し、閉ぢれば眼沈す。ただ細く見てまたたきせず、両方の瞳をもって鼻柱を守るべし。舌をあぎとにつければ息おのづから静まるなり、腰はそらさず伏せず、直して坐して脈の道違えば病い起り、また心狂乱す。此の如く用心して、まず金剛合掌して五大願を唱え、後は胎蔵界の五字の真言（アビラウンケン）を百遍誦し、その後に観ずべし。

以上の如く安定した坐法をして、次に目閉じず約一メートル先に目を置きます。最初は鼻端に目を置くとも説いておりますが、これでも自然に一メートル先を見ることになります。要は、強いて見ようとするのではなく、目を自然に置くことです。目を開くと雑念が起き易いのですが、さりとて目をつむると睡魔を来たすことを体験されるところから、この坐法に到達したものと思われます。

禅宗では、精神統一の方法として数《す》息観《そくかん》をよく用います。特に臨済宗では、公案を与えられて、心をそれに専注します。いずれにしても、一年二年で統一境、即ち禅境に到ることは容易ではありません。しかも、日常生活が禅の規範で定められるので、その実行は、在家の者ではとても実行し難いものです。専門僧すら何年も坐り、しかもこれから脱落する僧も少なくないのです。僧堂から出て、僧侶が住職寺に帰っても、日常勤行の読経こそ行ないますが、坐禅は行なわれないのが実状ではないでしょうか。未だ悟境に至らぬために、法悦がなく、禅を修しても苦感があるからだと思われます。

この点を考えますと、われ〳〵真言宗も同じで従来の型の如き三密《さんみつ》修法《しゆほう》を、実際に日々行なっておる住職は稀有でしょう。それは、印度の聖者の勝れた精神分析力とそれを表現した経典は、禅定に入った後の状態を解説したものであるのに、それを実修の指導書とも云うべき、修法次第にしてしまったために、実際に行なうことが不可能になってしまったのです。これがために、その難しさから脱して、易行道を求めた浄土教が生れることになるのです。

浄土教の易行道を初めて聞いた天台、真言、華厳の学匠等が、今迄考えられなかったこの教えを慎重に検討することなく、直ちに非難して、邪道と断じて、遂に政治力を以て念仏停止の法令を出させたため、法然上人をはじめ多くの念仏僧が罰せられたことは、広く御承知の通りです。

私が領解《りょうげ》する真言密教とは、雑部《ぞうぶ》密教《みっきょう》を別にして、正純密教こそ絶対他力易行の成仏道であって、これを唱えたことは、実践修行の上からも、又教学上からも最も進歩した解説と思っております。拙著『親鸞と密教の核心』を一読願いたいところです。絶対他力易行道の密教は、空海の密教の再発見にして、従来の密教の教えでは、大衆の成仏道の実行は不能とされる行詰りを解消するものです。密教が、仏教の幅広い教えと、総ての宗教との融和性を持つ完成した教えであることは、理論と実行と実証の点で、正に二十一世紀の世界宗教としての性格をもつことに気づかれるでしょう。

密教は堂々と現世利益を説く

その理由は、凡そ世界に宗教多しといえども、基本的条件として、現世利益を説かぬ宗教はないのです。ただ仏教の中で、浄土真宗のみは、阿弥陀如来を本尊仏としながら、阿弥陀如来の四十八願全てを如来信仰の救いとして取らず、第十八願の念仏往生の願を以って如来の王本願として、限定した範囲の救済方法を宗旨としたものです。このように、念仏衆生摂取不捨の誓願に限るために、他の現世利益の救いを説きません。ところが、四十八願の他の願は、多く現世利益を説いております。宗祖親鸞が決して現世利益を説かないのではないことは、おそらく円熟した晩年にお書きになったものと思われる現世利益和讃《げんぜりやくわさん》を見ると分ります。その内容は、深い信仰に徹して往生した体験から書いたものと見られる高度の利益であって、俗信の利益とは格段の差があります。正に信心成就の時当然生れるべき利益であると、うなずけます。

禅宗にしても、真宗にしても、この現世利益を表に出さず、寧ろ禁じる形を取ります。日常読誦する経典には判然と現世利益を説いているのですから、単なる喩や、仮の説法とは思えません。これは、修行者の迷を防ぐためです。

こうなると、密教は堂々と正面から、現世利益の願が即ち菩提心の大悲行であって、即身成仏は即現世利益に通じ体現されるものとするのです。積極的現世利益の宗教だと言えます。但し、この現世利益は、教理の内容をよく知った上の祈りでなければ逆に反対の邪道に堕する危険をもつというので、厳重な注意と戒法があるのです。密教の戒には、発菩提心戒《ほつぼだいしんかい》と三摩耶戒《さんまやかい》を設けて、重重禁戒《じゅうじゅうきんかい》と同じに大切に説かれております。

仏教以外の世界の主な宗教として、キリスト教、イスラム教、ヒンズー教があげられますが、何れも神の奇蹟を強調し、更に霊の世界を信じさせるのです。その内容は、仏教の如き進んだ真理追究とは程遠いものです。それは一神教と多神教に立つもので、仏教の諸仏の内容とは異なります。

密教が世界に愛されてよいというのは、その性質が万教を包容することにあります。密教の本尊たる大日如来の仏格内容を知る時、いずれの宗教の神観も、この密教の本尊を否定する理由は発見されないでしょう。同時に一神教徒が信じ祈る対象の唯一絶対神と考えたことの矛盾に必ず気付くでしょう。絶対神が、個人の祈り、一民族の求めに対して応ずるとのことは、神が自らの絶対性を否定することになると気がつくからです。「無神論」の宗教たる一般仏教は、一神教の如く現世利益を説かないとしてきた今日までの常識が、密教の大日如来によって打ち破られるのです。一神教で唯一絶対神とされるものが、大日如来の絶対大悲の真智を悟ることにより、変化《へんげ》法身《ほっしん》として再現し、その存在は真理性に立って自在を得ることになります。即ち密教によって蘇生する訳です。

仏教以前の宇宙神の梵天の信仰は今日でも仏教の中に立派に生かされていま

す。他の宗教では絶対に否定され消えさるべきものでしょう。密教によって、各々の宗教で唱え信じる唯一神が、改めて相互に礼拝を承認されるものと期待されるのです。

密教により真実世界を知る

宗教以外の学問が、今日程進歩した時代はないでしょう。この知識欲が一転して、宗教哲学に移行し研究されて残るのは、宗教の持つ広さ深さと実証ではないでしょうか。

従来、宗教学者の言う無神論の仏教には、現世利益はないと考えられた為に、世界宗教として広まるには難しいと、悟りの宗教である仏教を誤解してきたようです。要するに、仏教とは人生を悲観的に見て諦観を教えるもの、或いは禅にしても、空とは欲を断つことで得る安住の心境を表すものとした考えが、密教によって積極的に衆生を救済する大きな真実の道理を知ることになったのであります。神話無用の密教哲理とその表現方法は、日本人を含めた全世界の宗教人に新しき悦びを贈るものです。若し宗教に合理性を求めるならば、正しく密教の教格こそ完全な合理性を備えた宗教だと云えましょう。

かく申すと禅宗の悟境を忘れるなと叱責されるでしょうが、禅の「不立文字《ふりゅうもんじ》」の精神は容易に対社会、対日常生活上の教示方法の根本経証を得難く、禅者各々の智によって求める外なく、これが人によって完全を欠くために正伝の教として直ちに示す訳にゆかない点が省略され勝ちです。

霊が無いとしても行なうのが葬式

新興宗教も既成宗教も同じようなものに解釈されるものが多いと言う理由もあります。つまり、仏や神や霊魂の存在、祟《たた》り、障りということを説くのは、多くの既成仏教も新興宗教も、材料は同じではないかというのです。しかし、既成寺院は、通力とか霊視することは申しませんが超能力も及ばぬ悟りの大事を説くのです。

しかも、元々人間は教えによって真実を信じてきたという事実があります。問題は純朴に救いを求めることと、願望の成就です。これに対して、従来民衆の要望を荷ってきた仏教寺院や神社の多くは、善意な迷信はあっても人を苦しめるものはありません。

と言うと、何を言うか、寺院と僧侶の生活源は、霊魂説による仏事法事にあるではないか、だから特に葬式に費用を少なからず掛けるのではないかという反論が出る筈で、これは覚悟して聞かなければならないことです。

とは言え、この質問はありきたりの俗説であって、仏教の第一目的ではないことをここで説く必要があります。

仏事法事は成程故人の面影を偲ぶものです。ですからそこに霊魂ありと考えられるようですが、仏教ではこの霊魂とは、生前の渇愛《かつあい》執着の業が招く現象なのです。葬式とはそれに対する儀式なのです。しかも業は肉体から遊離するもの、遊離したものと思われてきました。が、それよりも大切なのは、故人が自分の親であった場合は、霊が有る無しにかかわらず行なうのが葬式なのです。人間が死んで骨となったから葬式も何もしないという人は、日本では唯物論者でもあまりいないのではありませんか。少くとも生存している子供や縁者の心の中には在るので、それに大なり小なり親の恩恵を受けてきた筈です。尤も第三者だと無関係かもしれませんが、しかしながら故人のことは知らなくても、人の死に対する悲しみと同情があるのが人間らしさというものであり、また人間の特権でもありましょう。友のために、或いは職場の関係者として、遺族のために共に悲しみ泣いてやるのが人生のウルオイというものです。他の動物には得難い尊いものと言わねばなりません。

死後のために現在が大切である

同甘共苦の心が広い程、社会人としての生活が円満にして、平和で助け合いの輪が広がるのです。損をしても悔いないのも、この互いの一体感があればこそです。

仏教の最大の目的は悟りです。その悟りの言葉は漠然としているが、よくこれを言い換えれば、大衆と同体大悲の心を強くすることになります。

人世の悲しみと、心の衝撃の最も大なることは、人の死であり、吾が身が死線上をさまよう時です。いかなる人でも、この死に対して安祥たり得ないのが常人というものです。いかに恐れ厭うても回避は不可能なることは論を待ちません。

宗教の必要はここにあるのであって、その死に対する実相を究めたのが仏教なのです。

では、その実相とは如何なるものでしょうか。釈尊の教えでは死者に関する教説は少く、ほとんど生きている者のための説法です。それでも多くの弟子の知りたがるのは死後の問題ですが、霊魂のことは余り多く語らないということは、人の安心《あんじん》を得るには、他にもっと大切で必要なことがあるからなのです。

それは業というものを承知すればこそ、今この生存中の生活が重要なのです。八正道《はっしょうどう》も、四聖諦《ししょうたい》も、十二因縁の解説、或いは大乗仏教の菩薩の道の六度の行にしても、重点は生きているうちにあります。

と言えば、釈迦の教えは死後を否定するのかという反問が出るでしょう。否、です。釈尊は死後という業識を知るから、今が大切だと言います。何故か。人の死後に善いことをしようとしても、それは遅いのです。業果は如来の力でも改めることは難しい。

凡夫が自らの無能を覚り、遂に仏の大悲を信じ委《まか》せ切ることによって、改めて良き生き方が生れるのです。

善心仏性を保つ儀式習慣

仏教の葬式法事の作法で一番多いのは、目にこそ見えないが、故人がまだ生存しておるが如く対処する引導作法です、これは永別の儀式の重みを演出するということですが、この時に大きな秘密があることを忘れてはなりません。

人は誰でも善事善行をしたい念はあります。決して悪いことのみして死のうと考える者はない。いかなる犯罪人でも心の奥に、何か人に喜ばれることをしたい念は微かながらもある筈です。例えば、人にお礼を言われた時は、誰しも気持が良いでしょう。

かくの如く、何か大きな功徳を積む、残したいと思いながら、いざとなると慳《けち》の心がこれを妨げます。死んでから「ああ、あのことに協力すれば良かった」と思っているに違いないのです。後悔先に立たずです。

ここに遺族が代って行うのが仏事なのです。今日葬祭費の節約問題はあります。それは今の問題でなく、早くから論じられてきたものですが、簡素化したら人間が幸せになるかと言うと、そうではない。仏事としての葬祭ができない人間は、他の善事もなかなかなし難く、結局親類縁者の交際儀礼も消えて、末は孤独な個人主義の寂しい人生を送ることになります。そういう人は、人のため、社会、国家、人類のための暖かい人情もなく、唯自己中心の要求が先行することになります。そうなると政府の福祉予算の要求合戦になり、政治家は立場を維持するために、良からぬ要求でも断れないのです。

仏事法事の行われている社会はまだ良い世界である。仏教は何もしないようだが、この基礎的な人間の善心仏性を保つのが、仏教の自然に生んだ儀式習慣です。少くとも日本の場合はそう言えます。これは霊とか業を信じるから、この仏事があらゆる面に良き因縁を造成してゆくのです。

仏事は供養した人の善業になる

けれども、社会の機構がこれを許さず、また教育の欠陥から折角のこの良き仏教を無視して、千三百年の仏教文化を今は滅し亡ぼそうとしていないでしょうか。霊がないなら仏事は無用ではないかと言うのは、正に唯物的な等価思想であると言えませんか。霊に供養しても、お礼はしてくれないかもしれないが、感謝と供養の心は、直ちに供養した人の心の中に深く印象され、永く善業の一つとして識の中に保存されるということを看過しては、大変な誤りを犯すことになります。

古来「情は人のためにならず」と言いますが正にこれは仏教の教えから言うことのできる真実言なのです。

死人の祟《たた》りというより、悪いことをした者が、自分で自分を責める自華自得ということは、何よりも間違いのない真実です。近頃は水子供養をする人が多いがそれもよいことでしょう。けれども、それは死んだ水子の霊よりも、自分の母性愛の中に残る汚点と罪悪の業感を否定することのできない心の現れであって、やりきれない仏心が、亡き子への弔意となるのです。自分の罪に泣くことなのです。それは立派なことです。

近頃は、この人間のみが持つ美しい自責の念が乾いてゆくようですが、これでは社会が無機的になり、人情が薄くなって、互に敵を作ることになってしまいます。悪いと知りながら煩悩に引かれる人間の姿、これこそ否定されない、永い永い自分の業の悲しみではないでしょうか。

超能力も及ばぬ世界は茲《ここ》にあることを教えられたのが、仏教であり密教なのです。釈尊の仏像の他に、多くの仏像が拝まれるのは、人の持つ欲願、煩悩に対する、御仏の救済を示す方便なのであり、この方便こそ最も大きな慈悲となるわけです。

このような意味から、現今日本全国に流行している各種宗教は、仏名を唱えてはいても、益々本質から離れてゆく「疑似仏教」ばかりです。病気治しの宗教とは名ばかりで、迷を断つ真実の難病解決とは縁遠い、余りに小さな御利益信仰に過ぎないようです。

空海は九顕十密の秘奥をもって全仏教は密教であるとしました。大日法身の加持の教え、即ち、毘盧遮那《びるしやな》成仏《じようぶつ》神変《じんぺん》加持力《かじりき》、これこそ現代の人の前でも堂々公開できる、安心立命と即難病をも速疾に救う道であることを知らしめる実証仏教が密教であり、また、秘密荘厳の理想仏典が展開する内観の秘密教なのです。

仏教は業を説く

凡《およ》そ仏教の信仰に関する教説の中で、意外な感じがするのが、仏教は無霊魂説だということでしょう。この問題については、寺院と僧侶の行う葬式法事は何のために行うのかということで、著者なりの意を述べておきましたが、釈尊は生きている肉体と別に真我霊魂を認めないが、生前の行為、意欲、渇愛、執着心が、死後、業となって転生、俗に云う霊魂、魂魄を引くことは認めます。そういう意味では、死後の空無説を否定します。

霊魂については、昔も今も種々宗教が盛んに宣伝し、人の死後は空無になるのではなく、霊魂は目に見えなくても霊媒や、よく当る巫女《みこ》、イタコの特異現象による霊魂が実在することが分ると説いています。こうして、霊の障り説が妄信者を多く生むことになります。けれども、これは釈尊のお説きになる業輪廻とは大きく違っています。肉体の外に霊魂という永久に生きゆく本体があるとは認められないことです。ただ、業を説きます。怨憎の執念が甚だ強烈なものがあるでしょうから、その人の死後に業作用によっては、その怨恨の相手が、その怨恨を受けるべき悪業因をもっているとすれば、当然その果報を受けることは否定できないでしょう。

また反対に、生きている時に恩を大きく受けて、常にその恩人に対して強い感謝の意をもつ人が死んだ場合に、生きている間に恩返しができなくても、結局報恩の意業の影響があることは、これも当然のことです。

一方、修行なき最近の仏教者は、霊魂を否定して、この重大な業の実相を知ろうとしません。教化運動にしても、経済上の救援を主とする福祉法に協力されることはあっても、その根底で業因果論を正しく指導をしなければ、宗教家に一番大切な教化力が薄く、在家の人と何の変りない存在になってしまいます。

霊障を語る宗教に注意すべき

神秘的救済で注意すべきことは多くの新興宗教や既成仏教の中でも、日蓮宗の行者や修験道の行者の行う霊魂呼出しとかは、霊媒を用いて、病人の悉《ことごと》くが霊魂の障りを受けているようなことを云う。そして、霊を払うとか、特別に得脱を計るとかいうことです。これは正しい救済とはいえません。好意的に見れば、未だ正法を理解し信じる機根の具わらぬ者を、早く信仰に入れるための方便かもしれませんが、実は諸鬼神霊が、病気或いは不運の原因になっていることもあります。これを以て目にみえない先祖とか、古い何々霊とか称して、人を驚かす働きをするのはなかなかの役者であるようです。これを空海は鬼業《きごう》と称して注意されました。このような鬼魔霊現象を利用して、大衆の心理を巧みに操作をし、先祖の障りを除霊せば病気が治ると信じさせるのが迷信です。霊があることを信じれば、結局病気が治ることを信じることになります。病源の霊魂を払ったから治ったと自己催眠する心理効果があるだけです。ところが、霊の障りがあると云われても、そんなものは信じられないと、私の所に来た人が、かえって正純密教の加持力によって速かに治る現象があります。ということは、その霊魂説の誤りであることを証明するものです。これは私の接した病者の九割余に言えることとです。

尤《もっと》も、社会教化上、このような仏教の業論を善意に利用して、勧善懲悪に導ければ幸ですが、しかし、よく調査すると、その霊魂の障りは悟りと関係のないものです。

一時的に或る人体放射力で治っても、霊障の解消がないばかりか、次から次へと新たな霊障に悩む人もいます。始めは暗示に掛って、外部から霊が憑いたと思ったのが、それを信じていくと終には本当の邪霊鬼魔霊を呼ぶことになって、徳分のない人は一生その鬼業に悩まされ、一生病身で送ったり、中には狂人となるケースがあることを承知しておく必要があります。

その意味に於ても、人の死後の存在は、釈尊以外には照見できないことです。つい先日までキャバレーの主人だったような人物が、一宗団の教師となって、霊視するとか浄霊できるとかいうのは、正しい仏教徒の取らないことです。

仙尼に無我の教えを説く

次に、安井廣度師の『阿含経講義』（仏教聖典講義刊行会、昭和九年）を引用して、読者の仏教知識に資したいと思います。

先ず根本仏典たる雑《ぞう》阿含《あごん》五・三の「仙尼に説く段」について、この経は王舎城の迦蘭陀竹園にて、死後の問題に関する仙尼の問いに仏自身の考えを示されたものです。（以下、新字体、新かなづかいに変更）。

或日、外道の出家仙尼が来て、先日、希有講堂へ沙門や婆羅門達が集会された時に、富蘭那迦葉等の六師は一人も弟子の死後を解説せないのに、瞿曇《くどん》（仏のこと）一人は弟子の死後を解説するという話が出ました。一体、卿はどういう根拠に起って人間の行先死後を定めるのですかと、こういうことを尋ねた。

その時、釈尊は世に三種の道を説くものがあるといって、御自身の大体の態度を話された。先づ第一師は現世では自我を認めるが、死を終として来世には自我を認めない。此は断見といって、永遠の生活を否定する考えである。次に第二師は現世で自我を認めるように来世にも自我を認める。此は常見といって、自分そのものは永遠に変わらないと見る考えである。業に依て善趣へ生れ悪趣へ生れるといっても、自我を常住不変なものとする限り、人間が衣服を著換えてあらわれるようなもので、常見である。それから、第三師は現世にも自我を認めず来世にも自我を認めず、業に依て種々に変りゆく永遠の生活を説くので、この中道は如来の説である。自分は常に無我を教え、ひたすら現世の渇愛を滅して涅槃を期せしむるのであると。

しかし仙尼はその意味が判らず、益々疑いを起した。そこで、釈尊は例の筆法で無我の教えを説かれた。（織田註：この釈尊に直かに聞いた仙尼でさえも、無我の教えと、業の解説を正解するに苦心と時間を要したことを知らされます。私たち現代人でも同じでしょう。要するに業があるから、それを霊魂現象と想定するもので、業を説くことにより霊魂の実在説を否定されたと解くべきです。）

さて、（釈尊は）之だけのことを承知させておいて、しかし、自分の弟子でも、真にこの理を体験するものは少く、やはり我慢（我執）を起しているので、現世の五陰を捨てて来世の五陰が生ずるのは、この「我慢」に依るのである、我慢による輪廻である。そうして、その我慢にも濃淡粗細等の別があるから、あの弟子はここに生れた、あの弟子はあそこに生まれたと死後の行先を解説するのである。その代りに、そうした我慢を断じて無我のさとりを得れば、もう死後を解説すべき因縁がないから、そうした聖者の死後は解説しないのであると仰せられた。

その時、仙尼は座上で法眼を浄め、仏門に入って終に阿羅漢をさとった。

死後、渇愛に依って生れる

同じく雑阿含三四・一八の「婆《ば》蹉《さ》種《しゅ》出家」について。
本経も前経と同じ意味であるが、その表現方法が変っている。
或日、婆蹉種出家が仏の所へ来て死後の問題に就て論じた。

婆蹉　「霊魂（我・命）と肉体と同じものでしょうか。」
釈尊　「かような問題には答えない。」
婆蹉　「霊魂と肉体と別なものでしょうか。」
釈尊　「かような問題にも答えない。」
婆蹉　「すると、汝は如何なる根拠に立って、某は彼処に生れ某は此処に生ると解説されるのですか。肉体は煙となってしまうから、若し未来の生処を定めようとするには是非とも霊魂によらなくてはならない、即ち肉体と霊魂とは別だということになりましょう。」
釈尊　「いや必ずしもそうはならない。自分は依る所があるものは五道[注(1)]の何れかへ生れ、依る所がないものは五道の何れにも生れないと説くのである。」
婆蹉　「それはどういう意味ですか。」
釈尊　「譬えば火は依る所があるから（薪があるから）燃えるので、依る所がなければ燃えないであろう。」

婆蹉「いやそうばかりもいえませぬ、私は依るところがなくて燃える所の火を見ることがあります。」
釈尊「それはどういう火か。」
婆蹉「大火が炎々と燃えている時に、風が吹いて火が空中へ飛ぶことがある、あの飛火は依る所のない火です。」
釈尊「いやそうではない。飛火は風に依て燃えるのである。」
婆蹉「さらば火の場合は別として、人間は死後何に依て生れるのでしょうか。」
釈尊「それは渇愛に依る注(2)のである。渇愛《かつあい》に依て五道の何れかへ生れるのである。」
婆蹉種出家は深く感じたのであろう、「世間の者は皆渇愛を起しているのに、世尊独りは渇愛を滅して依る所がなく無上の証を開かれました」と、こう申し上げて、歓び〳〵家へ帰った。
前経は慢を以て死後を説き、本経は渇愛を以て死後をさとしている。別に取や漏を以て説く経典も在る。しかし、概していえば業《カルマ》の有無を以て輪廻の有無を説くので、つまり迷のある者はその迷いの程度に依て種々な迷の世界を創造し、迷のないものは再び迷の世界を創造しないというので、生れるというは実は創造するという意味なのである。

織田注
(1)「五道」とは、地獄、餓鬼、畜生、修羅、人間の道。
(2)「渇愛」とは煩悩のこと。執着、愛欲を言います。これが霊魂を造ります。

修善の者は昇り、造悪の者は堕つ

このような『阿含経《あごんぎょう》』の言説を読むと、霊魂がお墓にあるとか、墓相が悪ければ成仏できないという墓相屋の妄説が、いかに仏教徒の正しい考えから遠いかわかります。人は生前の業によって、引業して転生していることを知るべきです。

今、転生と言いましたが、生前の渇愛即ち執着、愛着、執念の内容を考え、平素いかなる欲生活をしているか各人反省する時、自分の死後の行方は予想されるでしょう。

ここに仏教の重大性が知られます。修善の者は昇り、造悪の者は堕つと道元禅師は教えておられます。

行者仏教や新興宗教の如く、人が死ねば子孫の身体に入って病気にしてやる、子孫が自分の霊の存在を知らないから、気がつくように、不運不幸にしてやるのだという説は正しいでしょうか。勿論、親子の中に不和と不満心が強ければ、その相手が不運不幸を招くことは当然あり得ることです。随って仏教徒はどんな場合でも、仏法を習うには先ず懺悔滅罪の文を読み、生涯通じて心から懺悔することです。

このように業因果を霊の障りとして教える邪説の霊魂論は、大体に於て何代前の先祖とか、癌で死んだ縁者の霊が見えるとか、武士の霊とか、どうも怨まれる理由がよく分らない場合が多いことに気が付くべきです。古い何百年も前の霊魂の話になると説明できないことです、前述の如く釈尊の照見した業の教えとは全く違います。似た話ではありますが、認める訳にはゆきません。無数にある先祖の中に怨恨の業を受ける強烈なものがあったとしても、難病悉くが霊の障りによるから、これを除霊しなければ治らないとする説はマユツバものです。霊動現象と業因とは全く関係なしです。

何の関係もない霊が生きている人間を苦しめるという考えがおかしいのです。それは一種の魔霊の現象であって、魔が付きやすいのは、その人が常に迷信歩きをするからです。ある名僧が云ったように、狐が人を誑《たぶら》かすのではない、狐に誑かされる人間がいるのだという言葉に要約されます。正しい仏教徒には起り得ることではありません。

仏教は多聞を尊ぶ

このことは、人の死後霊魂説のみならず、キリスト教の如く全智全能の神があって宇宙を創造したとか、処女マリヤに神の子キリストが誕生したとかいうのも、仏教では邪説、妄説とするのです。因果業論とは逆な信仰ですが、これを信じることで満足しているキリスト教徒は、バイブルにある神の声を、全智全能の神の声であり、神の意志であると信じておるのでしょう。仏教では、そのバイブルにある神秘的なことを認めても、全能の神の奇蹟とは認めません。或る神霊を、全能の神であり、唯一の神であると誤信して、これは唯一絶対神であるから、他に神はないとして、他の宗教を信じることを罰する程教権を握らなければならないのは、正しい教え、真理を依所とする宗教の出現によって、自らの誤り、虚構が暴露することを極力怖れているからに外ならないでしょう。

この点では仏教は多聞を尊び、いろんな教えを聞くのも自由ですが、但し必ず仏教を聞くことを忘れるなというのです。これは常に真理を以て教えの核心とし、迷いから目覚めることを目的とするから、堂々たる自信があるので、真に求道心のある者、即ち菩提心があれば必ず仏の真理を悟るに至るからなのです。

このように、仏教は、宗教は種々あっても、真理に立った教えには、門戸を封じることなく、また他の教えを聞くことも、智識を広める一過程と見ておるのです。この意味に於いて、同じ仏教でも、他宗旨の話を聞くなというのはおかしいのですが、日本の仏教は宗派仏教といわれるぐらい宗派間の交流があまりありません。やはり、釈尊の精神に帰って、世界宗教として、全仏教がまとまって、仏教の基礎を超宗派で世に布教すべきです。宗派の特徴を出しながらも共通な仏教の眼目は説ける筈です。現世利益についても頭から否定せず現に救われる現象があるなら認めるべきです。ここに於いて全仏教を包容して各宗互に合掌できるようにするのが、真言密教の特長だと言えましょう。特に救済力は、単に宗派や本尊の問題ではなく、導く指導者即ち宗教家の法徳、力量にあるということです。

医学にも限界がある

最近の新興仏教教団、或は既成宗団内にしても、現世利益を説いて、大衆の苦悩を救うという、その教説を見ると、人々の災厄、殊に病因の最たるものを霊魂の障りに帰して、霊媒行為に似たことを行なうが、本物の霊媒者は極く少ないために、暗示によって信者の心理を誘導して、恰も憑依霊の作用によって病気が起るから、医療の力が及ばないのだとの結論を出し、利用しているのが実態ではないでしょうか。要するにこれは、医学と医師を患者側が過信し、過剰期待することから来るものです。最先端の医学でも治らないのは何か他の原因があるのではないかと、つい霊障の話に乗ってしまうのです。医学界の実力と云っても、決して万能の力をもつものでなく、科学の世界にも自ら限界があり、また学としても人智に於いては、まだまだ知られない世界が多いということを諒察してあげなければ、期待される医師は可哀想なことと云わなければなりません。

但しこの大事な実態を踏んまえて残念なことは、病を治す医師の使命感の尊きは認めるけれども、病と人間の生命体を、自分の習得した、小さな学派の理論研究に執着して、己れの知らぬ分野の医療、或は哲理に立った救病力を率直に認めようとしないところに、社会的にも国家的にも、大きな損失があります。狭い西洋文学の治療法以外認めないなら患者の悲劇に比例した巨大な悩を造成しつつある面を見逃すことができないことです。

要するに、医者は病人を診て、病人の脈を取る前に、己れの人格に大きな反省力が欠けていないか、という大切な人間共通の命題に率直でなければならないと思います。

医師仲間や研究所員たちが、他の療法に関心をもち、或いは他のグループと共に治療法や、病理の研究をした場合は、その先輩から強く叱られるということを耳にすることがあります。注意した本人も、自己自身の狭量な姿に内心忸怩たるものがある筈です。このような人はまだ良心の保有度の高い人であるが、ひどいのになると、全く自己の考え方以外は無視し、自己至上の妄見の塊になっておる医師さえあることは、接する患者から聞かされることです。病人というものは、医師に対する信頼感によって入院したものの、長い間の治療を受けたにもかかわらず、その目的を叶えられず、段々と悪化することに気付いた時に、他に良き療法ありと聞いても、それに移ってゆく気持を気楽に云い出し難いということです。

三密加持力は速疾に顕れる

特に宗教の力に対しては、余程理解力のある経験豊なる名医の前でなければ、患者が信仰と祈りを受けておることは告白できないのが、多くの例と云えるようです。

極く最近のことですが、病人の枕頭に置いた拙著を見付けた医師は「良い本を読んでよいネー」と申されたとの報告も聞くようになりました。このような理解ある医師が増し、将来若し医師の常識が、宗教に留意をして、寧ろ宗教について研究し対処される時は、医師自体の療法に大きなヒントを発見し、その患者に対する処方措置の適性が効を見る方向に進展して、早期快癒の道に連がることになるものと、深く信じられるところです。

まあ、余計な心配で笑い話になるかもしれませんが、ただこのようになると、患者と社会、国家に益するところ大であるが、気の毒なことに医師の収入減は大変なものになると推定されるが、その場合は医師の優遇方法を設ける必要があります。

病人が減って、医師が暇になり、収入が減ずることが、真の理想社会であり、こういう世界の招来こそ医師の真実目的でありと悟る程の見識を養うような、医師養成学に留意をしてもらいたいものです。このような医師を期待してこそ、医師は神、仏の化身とまで崇められるでしょうし、また医師とはそういう聖職であらねばならないのです。

彼のアレキシス・カレルの如きは世界で得難い名医であるが、寧ろその医術は勿論のこと、医道に対する虚心なゆとりある精神に、私は深く尊敬するところです。

ただ残念なことに、彼の対象としたのは、キリスト教徒として、神の恩寵を受けた奇蹟だったと見なしたことです。もし仮に彼の如き心の広い医師が、仏教、特に吾が密教の加持力による経過を直視してくれたならば、人類の幸福への道は、神の意を待つことなく、もっと早く開けたはずです。もっと効果的な実態調査、実験が行なわれデータを出してもらえるなら、三密加持力の速疾に顕ること に対しては、寧ろルルドの報告よりも説得力があります。余程頑固なる医師をも承服させることができると自負しております。

著者の行なってきた小さな事実でさえも、医事評論家の中山道治氏の注目を引き、実際に癌が治り、脳腫瘍が短時日のうちに根治したとの難病体験者を氏が追跡調査し、その結果を『私の健康』(主婦の友社)昭和五十四年八月号に掲載されたが、予定の頁数を半減させられて極く一部の実例のみの掲載に終ったことは真に残念なことでありました。

何故かこの面にも真実を掲載できない理由があったようです。『私の健康』に紹介された実例は皆真実の記録であり、その他多くの実例があるけれども、難病者の家と云われる世評を怖れ、公表を遠慮するようにとの要請があり、発表できない例が常にあります。何卒このことを賢察され、大勢を推し量って頂きたいものです。

勿論、著者が祈り加持した者は悉く治り救われたとは云えない実例もありますが、その多くは、初めから信じない人、代理人でしかも熱意のない人です。最も多い条件の悪いのは、私の許に来る前に入院していて、抗癌剤の強い薬禍のために、本人の癌治療の免疫体の造成機能が破壊されたと思われる人です。限られた時間では治療に至らないこともあります、こういう原因を書けないことを諒解されたいことです。また始めから加持感応のない、宿業短命者の場合も稀にありますが、このようなのは例外として、難病者を救った事実はザラにあるのです。

大衆が平等に即身成仏する道

従来の常識では施法者は偉大な超能力者である実例が多いのですが、そのような特殊な超人を求めるようでは、限度ある救済力と云わねばなりません。

ところが、空海即ち弘法大師の求めた宗教は、大衆が平等に即身成仏する道でありました。大師は若くして虚空蔵求聞持法の実修に数度に及んで、既に仏果を得ていましたが、これに満足せずに更に、我に不二の教えを与えたまえと祈誓した心境は、要するに、誰でも入れる易行成仏道を発見することにあったのです。三密加持すれば速疾に顕るとの、『大毘盧遮那成仏神変加持経』に遇った喜びが、これを証しておるのです。

空海の伝えたこの大法も、当時の仏教界では夢にも考えられないものでした。

即身成仏の教えは容易に認められなかったのです。空海が唐から帰国して、九州に着いても、上京の勅許が約三ヶ年も出されなかったとの史実があります。空海が提出した『請来目録』の示す多大な密教経典・法具・マンダラの類の存在を知りながら、三ヶ年も九州に留まらされたのは、都で薬子の乱が起っていたためだったのです。当時の仏教界に大徳が多く在すとも、真言密教を理解する方があまりおられなかったのも影響したのではないでしょうか。空海はこの処遇に不満も示さず、都よりも早く九州地方に密教の香りを伝えられたことは、今日の学者の認めるところです。真実教を、徒《いたずら》に筐底に秘めるが如きことはあってはならないところです。

さて、このように伝えられた尊い密教でも、空海後の伝法者は、真の教理の体験方法を専門僧のみ行なう、形式重視に研究に流れ、有閑僧の間に、一つの煩瑣な「次第」造りを競うこととなってしまったのです。過度の事相講伝に流れて、大師の教えた三密加持速疾顕の法徳を、一部高位の僧侶の特権の如くする誤りを犯し、民衆との接触のない華麗な儀式と伽藍造りと、諸仏諸菩薩を表わす曼荼羅の持つ教化力に期待を掛け過ぎるようになったのです。そうして阿闍梨と称される密教の指導者と、求める民衆の間には隔絶が大きく、稀に儀式に臨んでも、生き仏として拝まれる権威維持に労を尽したものと推測されてならないのです。

修験道という密教はない

このスキに乗じて、大いに民衆の中に入って、その悩みを聞き、対機説法ならぬ、称するに三密秘法の創意工夫がなされたのが、高野《こうや》聖《ひじり》や修験道《しゅげんどう》ではなかったか。元々修験道という密教はないのですが、役《えん》の小角《おづぬ》を開祖とする山岳宗教一派の行なった、神道や道教、陰陽道、仙人道、星占等が混合された、大衆好みの俗教の中に、特に密教の中の不動明王尊を取り入れ、更に密教の諸尊を取り入れたから、紛らわしくなったのです。

細菌を知らず、栄養学も食品衛生の知識もない、また自然界の変異も神の仕業と考えた時代の人々には、病気というと疫病神とか霊の障りとか考えたり、方位を犯したとか、水神、火神の祟りを信じ込ませるのは、至極簡単なことだったでしょう。

山伏は決して即密教僧ではありません。経を読み真言を誦し九字《くじ》を切り印を結ぶから、密教の僧ではないかと云うが、密教の哲理を会得したとは云われない筈です。形式に加えて、多少の密教知識はあったとしても、多くの山伏が漢文に精通し、経典を読み解釈したと評するのは甚だ危険なことです。勿論修験の指導者、達人はあっても、それとて問題のあるところで、理源大師を教祖にしたのも後世の者の創作であることを知ると、密教を語るには大きな注意を要するところです。

社会進歩が後れて、今日の如き医学も科学もない時代では、民衆救済としては広範囲のことが仏教の僧侶に救いを期待された訳です。俗人と異なる修験者に対する期待心を読んだ山伏の、一時しのぎの方便が、遂に伝授の中に「秘法」となったのも多いことは、一例に勝負事に勝つ秘法とか、因縁切りとか、前著にも書いた通りです。

唯《ただ》当時の山伏は、故意に民衆を騙したのか、或いは民衆の問いに答えるに窮して、苦しみの原因を俄か造りの障りや方位や霊魂の仕業にしたことも多かったことでしょう。それで民衆は信じて承認してきたものと思います。いずれにせよ、当時としてはやむを得ないことだったのでしょうか。

これが鎌倉仏教の正法唱導によって大きな痛棒を与えられても、永年信じた俗信は容易に消滅する筈はなく、代って救済の方法がなければ、御利益が無かったとしても、それが現実世界だと考えるから、浄土の信仰があっても、人間苦の複雑さは簡単に諦められなかった心があるから迷信が絶えないのです。

事、現代に至っても、科学界・医学界で解決できなければ、宗教にヨーガに或は民間の諸門を叩き、病は本来無いと想えば治るというような宗教に迷うのです。

唯物論が世に出てからというもの、宗教は大きな被害を受けることになりました。勿論良い面もあったのは、仏教外の非真理に立った宗教の権力と権威が失われ、お蔭で迷信と因習から解放された者のあったことは、忘れてならないよいことです。けれども、全く根拠のない罪で、真理の教えに立つ仏教まで同じように見られ、トバッチリを受けたことも忘れられないことです。特にその被害者となったのが、仏教の中でも天台宗と真言宗です。浄土教は長年の布教力によって大いに防戦はしたものの、信徒を増すことは容易ではないようです。今日となっては、過去数百年間の檀家制度の慣習が維持の力となっていると云えないでしょうか。また外国では中国をはじめ、共産主義に席巻され仏教徒も大断圧を受けているベトナム、カンボジア、チベットの大被害です。

さて、他宗のことはこれまでとして、密教界のことについては、唯物論と無神論の時代こそ、密教者待望の勇躍対処すべき良き機会であります。また、全仏教に代ってその矢面に立って、唯物論の誤り、無神論の仏教、精神価値、精神の実在性を強調するに最も良き布教の場であるのです。

ところが、密教界には学者はあっても、その説く哲理を実証する僧が少ないのが残念なことです。

宣伝される邪道密教的片鱗

単に精神面の尊さを説くに過ぎないために、社会経験の少い若い者や、イデオロギーに偏った学者や、精神問題に関知しない職層の人は、宣伝力の強い思想に傾いてゆくでしょう。

特にマスコミの論調は、事件の取り方と云い、世相の評し方と云い、唯物的であり、反宗教的であり、無宗教を文化人の真骨頂と定めた如き感があります。私たちが加持力によって癌や脳腫瘍を短時日のうちに治したとしても、新聞やテレビは取材しないし、真偽の調査もしてくれません。これが現代の正法宣布の障害なのです。

このような背景でありながら、科学的思考と科学万能の期待感が壁に突き当ると、その代りになるものを精神界に求める風潮が起るのは当然です。これが米国に於いてオカルトが盛んになり、ヨーガや邪道密教が大いに宣伝された理由です。ヨーガについては体のトレーニングに徹すれば問題ありませんが、宗教として神秘性を帯びると要注意です。しかも米国での流行は、日本へ直輸入されたも同然の様相ですし、殊にヨーガとか密教とかは一般人には知られてないために、巧みに宣伝する本が売れ、またその内容を消化し批判する力がないために、トリックで行われるものをも真実と妄信する者も跡をたたない。これは独り密教のみならず、現世利益を宣伝する新興宗教も古い教団も同じことで、古い者は宣伝しませんが、新しい者は宣伝を生命線と云わんばかりの力の入れようでした。

特に目立つのは雑密《ぞうみつ》系経典や星占、法華経に依拠する新興団体です。また手の平療法と合せ、霊魂の障りが難病の原因であり、不運不幸も同じような目に見えぬ霊的祟り障りを展開とするものが多いようです。これは修験山伏と同じことで、このようなことは日本の宗教のみでなく、世界の未開民族の中にも似たことが行われてきたのですが、その障りの消し方、除き方で、様々な変った宗教的行事に特徴があります。霊の世界は人の目に映らないし、カメラにも映らず、稀に心霊写真と称する写真があっても万人を納得させるものではない。心霊現象の研究は、欧米諸国やソビエトでも研究されていますが、それにしても明確な証拠とするには余りにもおそまつで、かえってその現象の真実性を疑われることもあるようです。そうは云うものの、やはり唯物万能にあきたらずに心霊研究は続くことでしょう。霊能者という文字は、仏教から出た言葉ではありませんが、この仏教外の者の行なう力を、密教僧と結ぶ如きは、要するに仏教も密教も正しく理解していないからです。

如来から与えられる大悲

仏教の伝える超人的行為の最たるものは、人が仏に成る道で、これに精通し成就する人は、人の苦しみを救済する力を発揮することができるのです。これを法の徳とし、如来大悲の力を加持力として、いかなる者でも、教えの如く行なうならば、不信時代の人間にも考えられない霊験を示すことになります。それは決して難行苦行をする必要がなく、また特殊な人間でなくとも、それを実行する人の練成積徳は、必ず自らの苦厄も、同時に第三者の苦悩をも救済することができるのです。これが空海が発見した加持であり、絶対他力易行道であることを包蔵してきたのです。
今、私が敢《あえ》て「包蔵してきた」と表現したのは、空海の遺した著書は、絶対他力易行の根拠を『大日経』から引いて、後世の者へ教えられたものですが、直接に同時に絶対他力易行の文字は見ることができず、別な文章表現をもってお書きになっているからです。
即ち、加持についての解説は『即身成仏義』の中に、
加持とは、如来の大悲と衆生の信心とを表す

と示してあります。静かに味わってみると、なるほど絶対他力易行という言葉は使ってはありませんが、「如来の大悲」というところに、それがよく示されているようです。また、衆生の心水に如来の影（光のこと）を映す喩を示してありますが、心水を常に鏡の如く波立たぬようにに努力しようとすることが、皮肉なことに、それが難行道と解釈されてきたことの主なる原因になっていると思われます。要は、既に大日如来の方から衆生を済度せんとして大悲を与えられ通してきたことを信ずることにより初めて教えられるのです。ここを信じるから感応道交するのです。

聖天法の伝授を受ける

私は、密教の特長は現世利益即成仏道にあると述べました。密教の、この現世利益を病人に与えられることは、既に度々明らかにし、その信ずべき重要な教理の一端を明しました。しかし、人の運となると、軽々しく云われないものがあります。

一口に密教の御祈祷と言いますが、その根底には福徳を授ける本誓の諸尊があります。したがってその主なる福徳の本尊――毘沙門天、大聖歓喜天、大黒天、弁財天、吉祥天等には夫々《それぞれ》の供養法《くようぼう》が伝えられております。

私の住職する真成院は、古くは江戸六聖天の一つに数えられて、特に天保年間に、当時の住職たる融戒法印の法徳が盛んであったようです。けれども、明治の廃仏の時には参詣者も少くなって、寺の維持に困った程ですが、その原因は住職の修行が足らなかったからとも伝えられております。明治二十七年頃の住職が恵秀和尚であります。この住職は、易者から発心した、希れに見るほど神仏に供養された僧だと聞いております。朝三時間近い修法《しゅほう》をなされ、易学から来た百本の「みくじ」によったために、住職になって以来、昭和五年迄、信者も集まり、目的祈願や仕事の判断を求める人が多かった由です。

私は高野山修学修行時代には、不動明王の信仰にて、不動明王の破邪の三昧を修してきましたから、真成院に住職して、直ちに、大阪の浦江聖天寺の日下義禅大阿闍梨（後に東寺の長者になられる）から、聖天法の伝授を受けました。昭和十六年十一月から、罹災した昭和二十年五月二十五日迄、毎日浴油供養しました。この罹災体験が新しい信仰の発展となったのですが、従来の教えからすれば考えられない、絶対他力の信仰を悟ったことは、『密教祈祷の秘密』と『親鸞と密教の核心』に詳《つまび》らかに書いておきました。この本は今日に至るまで多くの読者から讃辞を送られて、私自身の信仰のよきはげましとなっております。

聖天様の蔭の力があったればこそ

さて、聖天信仰について感じさせられたことは、信者の熱心さはよく感じられたものの、聖天寺では信者を指導する正しい信仰内容を説かず、唯々一心に信じて供養すべきことを言い、あまり理屈を云わぬことでした。現世利益のお寺は、その信者がご利益を受けたことを主として語り、気の毒に逆目に出た人のことを語らないのは、他の信者の信仰に障りとなり、疑の心を呼ぶことになるからです。小寺の信者の層は花柳界の人が主で、事業家も当然いましたが、少なかった。その福徳開運の祈祷は、時恰《あたか》も戦争中であったため、軍需産業以外は、企業統制と重税と物資不足のために、御利益には不利な状況でありましたから、信者は少なく、僅かに五、六人でした。

結局不運で亡くなった信者も忘れることができません。その場合の私は、真に寂寥感に覆われ、祈りの宗教の行者としての責任から、苦痛は深刻なものがありました（御利益を得た人もあったのは勿論です）。

戦後、昭和二十六年から、仮本堂でお祈りしましたが、敗戦という現実の前には、現世利益を信じられなくなった人が多く、新しい信者も来なかった。

けれども行者の私は、戦火によって伽藍《がらん》一切が消失した中で、唯一残ったのは祈願所の板看板でした。柱に釘で打ち付けた、長さ一メートル八十、幅三十センチ、厚さ三センチの板に、「大東亜聖戦完遂祈願所」と書いた看板が、不思議か偶然か、道路に飛び、裏返しで落ちていた為に、損傷が無く、残っていたことを霊験と受け取って、この寺の復興と日本の再興を信じてきました。住職としては、この信念に立って檀家五十の寺を守り、さまざまな苦労を忍んで、寺門の復興を願い努力しましたが、この間、私の信心不足から、他人の親切も逆目に出て、災難を招いたこともありました。したがって誰に言わせても、境内の半分を売って再建すべきとの意見でしたが、私は寺院再建に、寺の財産を処分することは絶対に考えたことがなく、一寸の地所も貸すことも無く維持してきました。この間、詐欺師の甘い口車に乗って委任状を書いたことが災難となって、永い間の苦心が続きましたが、常に心のささえになったのは、必ず聖天さまも諸天善神も守護をして下さるということで、私はこれを信じてきました。
東京の寺を復興する前に、青森市に高野山青森別院を創建したのも、無力な私に加護を垂れて下さる聖天様の蔭の力があったればこそで、苦心の連続でも今日に至り得たのも、大きな御利益があったのだと信じて疑いません。

深く懺悔し与えられるべき時を待つ

経済的に苦しい時は、唯々求める祈りでした。寺の再興を求める心の三昧の真言行でした。貧しくとも、灯明は油皿に切れることなく供養しましたのも、欲願成就の為でありました。それでも、なかなか良い御利益がなく、危難を逃れる迄も容易でなかったものです。実は再建の難事に秘かに聖天尊に不満をいだく心もありました。これ程立派な願も叶えてくれないのか、しかも個人の欲願でないものをと……。

しかし私が気がついたのは、罪業の深さです。自分の記憶にない罪悪については、容易に心からの懺悔《さんげ》は湧きませんが、因果の道理は否定できません。したがって、現在の果は過去の悪因によることだと気が付いて、懺悔の外に道のないことを知らされ、再建の祈りよりも懺悔の生活と自らの反省とを主体に祈りました。信者へも、因果を知り懺悔することの大事を説きました。けれども、信者方は懺悔を素直にはできない方が多かったようです。

現世利益を受けるには、供養の大切さの前に、先ず深く懺悔して、求めず与えられるべき時を待つ心が最も大切なことを教えられたのです。

伝法の修法は、一通りの型の如き懺悔行では浅く、今日の自分は、信者と共に懺悔生活をするのだという心構えをもつことこそ、救われる基本姿勢であることに気付かされました。

この点から申しますと、雑部《ぞうぶ》の密教の御利益の効能書は、素人の人々には真に有害で、この効能書の前に深く懺悔滅罪すべきことを忘れないように強調したいものです。仏教の基本通念を実行することが、現世利益のお蔭を頂く道である筈です。全体的に教えを心に入れた上に、祈り求めてこそ、諸尊のお慈悲を戴けるものと信じて疑いません。

最も大切な仏教信仰は、常時、個人の祈りに現世利益を用いる考えを反省し、寧ろ日々の果報に感謝するのが、実のある現世利益であります。人の欲は際限なしです。いかに密教尊しといえども、個人の欲願を悉く成就させるものではなく、寧ろ常に感謝する者こそ無限の果報を頂いておることに気づかされるのです。

私自身にしても、貧乏寺の一住職が寺の再建、創建、奉仕事業に携り、十年間の精進は、古刹のように国の補助もないのに、いささかの寺産を数えることになったことを感謝しています。更に昭和大仏建立と、これに付随した夢を抱いて、只今着々と進みつつあることは、現世利益の虚言でないことを、今こそ示現されておるのに気がつくのです。目先の御利益の甘い話で信者を釣るが如きは絶対にさけて、尊い積善業を重ねることを、自他共に、特に弟子や子供に教えてきました。

八正道と五邪命

現世利益の秘密は、有相《うそう》の印契《いんげい》や真言や観想の問題ではなく、常に御本尊と一体の清浄心に至ることであります。つまり無相《むそう》の三密になることです。

この福徳を授ける諸尊は皆等しく、懺悔清浄心の極は菩提に至ることを以て最大の御利益に導くもので、正に釈尊の八正道が自然に実行されることになるのです。

八正道を実践することは、密教の総本地仏大日如来の神変加持を信受することにより、遂に仏果菩提を得て、無上絶大の富を体現することになります。八正道とは阿含経に説くものですが、
一、正しく四諦《したい》の理を見る——正見
二、正しく四諦の理を思惟する——正思惟《しょうしゆい》
三、実ある話をする——正語
四、身の一切の邪業を除き清浄の身業に付す——正業
五、身口意三業を清浄にし、正法に順い、五つの邪命を離れる——正命《しょうみょう》
六、涅槃の道に努める——正精進

七、正道を憶念して邪念がない――正念
八、無漏清浄の禅定に入る――正定《しょうじょう》
の八つの道です。

ここで五の「五邪命《ごじゃみょう》」とは僧が不法の事を営んで生活をなすに五種類あるをいいます。左の通りです。
(1) 詐《いつわ》て奇特の相を現じて利養を求め
(2) 自ら己の功徳を説き利養を求め
(3) 占卜《せんぼく》を学び吉凶を説きて利養を求め
(4) 大言壮語して利養を求め
(5) 彼に利を求むれば皆称説して利養を求むるをいう。
簡単に箇条書で解説してありますが、本書の読者が注意すべきことは、第五の五邪命の解説です。いかに「密教」とか「阿含経」を唱えても、この阿含経の骨子に反した行為を知る時は、誰人も迷わされないようにすべきことであります。

それと共に、密教は釈尊直説ではないから、ニセ仏教だという解釈の当らないことは第五の正命は、身、口、意の三業を清浄にするという意味であることから分ります。要するに、大日如来の三密を頂いていることを信じることによって、八正道が自然に成就することになるのであります。ここに神変加持力が備わります。開運の法とはこの道を無視して生れないものです。

〔編集部注〕＊五邪命
『大智度論』巻十九には、以下のように述べられている。
《問うて曰く、何等か是れ五種の邪命なるや。答へて曰く、一には若し行者利養の為に故に詐って奇特を現ず。二には利養の為の故に自ら功徳を説く。三には利養の為の故に、吉凶を占相し、人の為に説く。四には利養の為の故に高聲に威を現じ、人をして畏敬せしむ。五には利養の為の故に稱説し、得る所の供養を以て人心を動かし、邪因縁にして活命するが故に、是を邪命と為す》

霊験が宗教屋の財源

今日は、学問の自由研究によって、出版物も自由に買えるため、昔のように、師資相承《ししそうしょう》とか一子相伝の秘法秘伝もなく、逆に、その秘法の伝法書が出版されることも多いのです。新しい宗教でも、その教えの要を仏教の教理から、巧みに写し取り、仏様の代りに神の名を掲げ、真言や念仏の代りに、新しい呪文を作ったりします。大方の宗教は、真言密教の大日如来の仏格即ち宇宙の生命、宇宙の本源という説き方を用いるようです。キリスト教でも、全知全能の神を宇宙の生命という人も出てきました。念仏の浄土教でも、尽十方無碍光如来、無量寿如来を阿弥陀如来の別名として用いますから、殆《ほとん》ど密教の総持の仏、法身仏即ち根本仏である大日如来と同じように解説しています。

ところが、これでは自然科学の宇宙観と同じようになってしまいますので、無信仰に脱線しないように神秘説を付与し、霊験があったという例を重視し、信仰に引付けるのが多いようです。これがまた残念乍《なが》ら、霊媒を通じてお告げをしたり、霊魂が実在したりするような説き方をするのですが、霊魂が人間にのり移って動作で知らせたとか、意志を通じたことにして、先祖の障り、怨霊の祟りと云って信者を誑《たぶ》らかし、これが宗教屋の財源になっています。このようなことは著者は学生時代に体験した類いと同じく、暗示を与えて信じさせるやり方です。

急速に発展した新興宗教団体のやり口は、霊媒を真の霊と称して、信者をして信じ込ませるのです。人は目に見えない存在のあることを信ずることによって、熱烈な信仰に入れます。妄信させなければ宗教は伸びないからです。冷静な信仰の理解力は簡単には生れないもので、そういうまっとうな教団には、維持発展の資金難が多いために、社会に知られないで終わることになります。これはまことに残念なことです。

いずれにしても、真の救いがあれば、これに越したことはないのですが、夢中になっているのでわかりませんが、幻の如き神、仏、霊に触れた如きことであって、実益がどうあったのかと冷静に反省してみると、これといって語るに足るものがないどころか、その信者の家が次々と御利益を得たという見返りに、次々と災難が生じてきたことに気付く必要があります。真に運の良い時は、神仏に頼むことがないので、それが希わしいということですが、たとえ逆境にあっても、そこに満足して感謝できるのが真の御利益です。真の宗教は、このような無難な生活の中で反省すると、自然に今あることに感謝の心が湧くものです。これも善因の果報と信じて、一層善種を蒔く心構えこそ、仏教徒の信仰でなければなりません。災難は忘れた頃にやってくると申すことを深く心の中に備えて、不幸災難が来ても、慌てないようにし、大病を患っても生命の保持を真実に依頼できる宗教を求めるべきです。

良き指導者を選ぶ

信者、求法者に必要な心得を、弘法大師は左の如く仰せられました。
人は法によって救われ、法は人によって興る
このように、人法不二が正しい在り方です。ところが多く人は何宗教が良いとか悪いとか探します。これは当然と言えば当然ですが、信じられる正法に遇うても、その正しい教を実行しておられる師を求めよと申します。ここに於て「戒」の実行を第一に尋ねて、信じられる善知識に遇うようにしなければなりません。宗旨の如何を問わず同じことです。真実を得た人は、それが仏教者であれば、仏様という本尊論は同じなのです。宗旨によって、救済目的が限定されるので、その道一本の宗旨専門の教えは別として、真宗を除けば、大日如来の意に通じて修行した僧が多いのです。
ましてや、真言、天台僧になると一致するのが当り前です。あとは、よく教え

※法は人によつて弘まり、人は法を待つて昇る 『秘蔵宝鑰』

の如く修行をされているか否かが選別の存するところです。名山名刹の住職との面会は容易でないと考え勝ちですが、法を求め、救いを求める目的で面会を求めるのならば、必ず喜んで会われるものです。会ってもくれない人は偽者ということになりましょう。宗教は始めからは信じられなくとも、疑問があれば問うことです。僧は問われることを以て楽しみとするのです。日本の仏教徒は僧侶に問うことが少ないのではないでしょうか。独りで勝手に考え信仰を創作していないか、仏教徒の信仰内容は、存外及第点が少く、他の宗教のように、神様は霊的存在で目に見えないが必ず居られる、人の霊も昔から霊界に棲んでおる、子孫がこれを供養すれば、先祖の霊が子孫を守って下さることと信じ込んでいるようです。これも立派な信仰の諸段階にして、これから向上し悟ることができるのです。これが無信無宗教心の人となると、まことに気の毒なものです。やはりこの信ずる心を生れながらに持つ人と、薄い人とがあるのは争われないことです。これには生れた家の親や祖父母の信仰の感化が大きな意味をもち、大きな力になります。無信仰の家に生れた者はこの点が不利であり、不幸があっても、その打開の道は遠いものです。人は苦しい時と楽しい時があれば、人に相談し、或は語り知らせるものです。この時、善友に恵まれれば良き信仰に導かれて仏縁を結ぶのですが、悪い宗教の徒を友とせば一層苦因を重ねることになります。いずれにしても、余裕のある時に、人の心の何たるか、人の生命は何かの問いがあれば、当然宗教書に親しむことになると思います。

信仰は良き指導者を選ぶという理由を述べてみたのです。求める心のある人は必ず善知識に会えるものです。

正信に目覚めよ

本書（編集部注・『密教宝庫を開く』をさす）に見る邪教は疑似宗教と云うより、宗教法人の法律解釈を応用することによって、全く仏教の中では一般僧侶はおろか、密教僧さえも知らない三密加持の誤釈と、密教の教理を正解していないワラにもすがりたい信者を巧みに捉えた宣伝力とで引込んでいくのです、つまり、表現の自由という安全な憲法に守られ、人間の好奇心と、人間の心の中に潜む甘え、ズルさ、即ち堂々と闘う苦労よりも、何か超自然な超能力の会得によって、世間並みの苦労をしないで早く魔法の杖を手に入れようとする心につけこむのです。

こうして、見事な程の邪教市場の盛況を見ることになります。

しかしながら、常識と教養あり、宿善の人は、いち早くその宗教が正しい宗教に非ざることに気がついて、脱会して、新しい平常な空気を吸うことになるようです。

けれども、このような苦い永い体験は、密教不信に堕してしまい、結局宗教不信に至る人々を多く見ることは、真に残念なことです。それというのも、既成宗団という老舗の指導者たちが、このような邪師邪行の横行を黙認したり、金銭をもらい、中には協力する売僧《まいす》や「碩学《せきがく》」があったりするからです。

いかに仕事師が知恵があるとはいっても、その書いた書物を一読すれば、それがスリ換え仏教であることは直ぐわかります。自称超能力者たることは活字上のことであり、実行のない超能力たることを知るのは簡単です。真言密教の中の大衆を引付ける儀式の一つ護摩法があるのですが、護摩壇に炎が人の形に見えるように仕掛けをすることもできるし、小さな粒の花火に火を点ずると、ニョロニョロと蛇の如く長くなるのは今でも子供用に売っております。

彼らの機関紙の記事を読むと純情な信者がその花火蛇を二大竜王だと信じていて感激している。正に抱腹絶倒ものです。これを書いた信者の知能の程度が疑われるところですが、教祖の手品の立派な手腕を讃えた方がいいのかも知れません。

信じればそのように見えたりするのは、人の心が竜を作るのです。子供が空に浮ぶ雲をいろんなものに見立てることを思い出して下さい。でも信じる人は或いは幸せなのかもしれません。ゴマの木の上に杉の葉で覆う護摩の形式を発明した山伏の知恵は、一瞬間ながら、進歩した筈の文化人をも巧みに引き込む力があるようです。

けれども、いつまでもこのようなトリック宗教やスリ換え密教が続く筈はありません。

著者がのぞむのは、前にも述べましたが、このようなことで、正信に覚めた時、正しい密教に入らなければならない仏縁があったということです。その意味で、本書は正しい真言密教、空海の編成した密教を、よく解り易く、信心の妙力を体験させたいと希っているのです。

密教が難行ではなく易行である理由

著者自らの実際日常の行ないを見る実例を次に記して、読者の参考に供しましょう。

昭和四十八年、『難病を救う真言密教』を刊行し、爾来毎年一冊又は二冊を上梓してきました。正統密教の解説として最もわかり易いとの讃辞を読者から贈られてきましたが、特に本書の如く、積極的降魔の剣を用いずにきたのは、要注意の宗教には社会や読者の目覚めが早いものと期待したからでした。

しかし乍《なが》ら、世に魔性は絶えることなく、次々と手を換え品を換えする仕事師に、新しい羊群が餌になることは、仏眼の許される限度を越えたものと云わざるを得ません。

著者はこれまで、空海の正統密教の中に秘められたる絶対他力易行こそ、真言密教の真髄であることを発表してきたのですが、永い間の、密教は自力聖道の教えであるという固定観念を捨てない人は、容易にこれまでの態度を反省しないし、さりとて絶対他力易行に反対もなしで、この七年間続いてきました。しかし、段々に真言宗僧侶の中にも正意を求める諸徳が現われ、絶対他力易行道は、宗祖空海の著書に秘められていることが認められつつあります。信仰体験家が増加しつつあることをみると、三十年先は著者の唱導が必ず一般化することと期待されます。

昭和四十八年以来、求道者はこの絶対他力易行の三密こそ、密教がこれからの世界宗教として、迷信性も非理性さもないことを知ったのです。

空海以後においては、独り善がりの、実効性の少ない難行道に立ちながら、衆生苦厄を除くには、神社信仰同様の多神教の神霊信仰を用いることとなってしまいました。まじめな僧侶ほど天部供養の修法や手指の組み合せの印契、観想用の内容に力をそそいできた空しさを、知らされたと思います。素人の、火を神聖視する性格を利用した護摩法は、元々印度の外道の用いたものを活用したものですが、仏教の智慧によって、煩悩を仏の智光に焼尽する修法の火性三昧を知る筈のものが、形だけの儀式になりました。

ここに、日本真言密教史上特筆しなければならないのは、東北大学教授故鈴木宗忠博士の、宗教学上からみた真言密教は、絶対他力の教学であるとの新説のあったことです。偶然にも私の『親鸞と密教の核心』に寄せられた宮坂宥勝博士の序文の中で鈴木宗忠博士は真言密教は絶対他力の教えであるとの卓説があったことが紹介されていて、私以外にも密教は絶対他力の教えであること言った人がいたことを初めて知ることができ、千万の同信者を得たと同様な感激であります。
更に著者が注目したのが『大日経』の具縁品《ぐえんぼん》第二に云う、
秘密主、如来は無量百千倶胝那庾多劫《くていなゆたごう》に、真実諦語と四聖諦と四念処と四神足と十如来力と六波羅蜜と七菩提宝と四梵住と十八仏不共法とを積集し修行したまへり。秘密主、要をもって、これをいはば、もろもろの如来の、一切智智と一切如来の自福智力と自願智力と一切法界加持力とをもって、衆生に随順して、その種類のことごとく真言教法を開示したまふ。
という一節です。先徳が多くの著書の中に、この文を引用してないことは、密教は自力難行の教えと解釈してきた証拠ではないでしょうか。如来は何故に、無量百千倶胝那庾多劫の昔に総ての功徳行を集積して修行されたか。即ち末世の吾々衆生に随順し、即ち代って修行されたのです。故に行者の行なう六つの修行、即ち、布施、戒律、忍耐、精進、禅定、智慧の行は、大日如来が行なっていることです。

行者が自分でこれを修行するというと苦しいが、如来が既に自分に代って行って下さったことを信解することによって、難行でなく易行となるのです。こうして、信ずる心も与えられたという、加持の妙境が生れて、如来から六度行成就の功徳を与えられるのです。行者たる私たちが常にこの如来の修行されている六度行を忘れないで信解する心があってこそ、感謝と感激を失わず段々と六度行の実行となるのです。禅床に沈滞した瞑想に止まることなく、常に六度の歩みとなるべきことを教えられます。如来大悲の神変加持力は、悉く如来の集積し修行された功徳を与えられているからこそ、我々は、加持に救われ、開かれた仏眼によって秘密荘厳界が現れるのです。単に行者の修行力によって五相成身観（仏智を開く五段階の観想法）は得られるものではなく、如来が衆生のために行われた功徳力を信じなければ得られる境界ではありません。若しこれを知らず、行者の修行力によって秘密荘厳の世界が展開するとすれば、幻影と間違うことにならないかと戒められる点であります。如来の絶対慈悲、加持力に委せ切れるのも、感激感謝の徳によってのことであります。委せ得た時は当然如来の仏作業に同行することになります。

かく密教の大悲を信じ持する時、生ずる加持力は、正に人の力ではなく、超俗の仏力に外なりません。既に与えられ、頂いている仏力を信じ感謝することによって、医学や生理学上不治とされる病巣も、病める細胞が速疾に偉効を見ることになります。これを否定する唯物的な科学でも、その真実変化する事実の前には、反論は湧かないのです。即ち物心不二、仏と衆生の一体たる真理には抗すべき理を知りません。この点は顕教諸宗では、教化上未だ説かれてないだけに、今こそ真言密教の教学と実践に大きな使命感と共に誇りをもたなければなりません。

密教が定める三昧耶戒とは

仏教は、戒を尊んで実行してこそ伝来されることになることは、今さら云うまでもないことです。

ところで、一般仏教の戒法に見られない戒が密教にはあります。即ち三昧耶戒《さんまやかい》がそれであります。何故に密教のみがこの戒を定め必修の中の最たるものとするのでしょうか。五戒十善のほかに、三昧耶戒を定めるだけではなく、重要儀式の中に、三昧耶戒を標示した特別授戒の式を厳修するのですが、存外その要因に気付かないのではないかと思います。

宗祖空海は、この戒は諸経を認めると共に必ず秘密荘厳の大日如来の悟りに至るを誓うとされます。これに就いて私の感じ入るのは宗祖大師の十喩《じゆうゆ》の詩で、密教に対する誤った期待と、野心を持った行者が行じたがる奇蹟を、仏の神力として憧れたり、またこれを売物にしたりする者が、他の顕教に比べて余りに多いから書かれたものです。このように正邪を厳密に区別しなければならないのは、ひとえに外道の邪行を、聖なる仏教、正純密教と同じに解釈する大罪を犯すことを禁止したいためでなかったかと思われてなりません。これは人間の最も強い関心事でもあり、強烈な欲望でもあるからです。

平安期の太政官符に見ることとは、後世でも同じことで、文明開化の昭和の時代、いや今現在でも同様なのです。現に本書『密教宝庫を開く』の刊行を必要とした一大原因も、この十喩詩を通しても知るところで、三昧耶戒の必要を知らされのです。この点では、顕教は密教よりも誤ることが比較的少ないし、一般大衆の希望も顕教にこのような奇術めいたものを期待しないでしょう。

雑密の諸尊を主体とした経典を読むと、悟りや解脱よりも、現世利益の効能書が多く、人の心を引き付けるようにできています。この現世利益の中には、全仏教の要点たる八正道も、四諦も六波羅蜜の菩薩行も戒法も見ることが少ないことに気付きます。このことを考えると、大日如来に裏付けられない諸尊の教えは、素人には危険な要素を多く含んでおるのです。それだけに、その誤りを防ぐために、正法に反した邪説を信じたり、誤りを説いたりすることを戒めて、重罪としたことの真意が窺えるような気持がします。同じ仏教を求めても、最後の目標たる菩提心は、秘密荘厳心にあることを知らずして、低級な外道の法に迷い止まることを戒めたのは最低の目的で、最高の目的は小乗教を首《はじ》め、諸大乗顕教にないところの戒としてあります。これは厳密に秘密荘厳、密厳浄土に達すること、つまり菩提を忘れず生涯悟りを目指し自利利他の道を歩むことを戒としているのです。

『起信論』が明かす魔事

平川彰著『大乗起信論』(佛典講座22、大蔵出版)三五九―三六〇頁から、仏教修行の時注意しなければならぬことを引用します。

「次に禅定の修行中の魔事を明かす。すなわち止を修していると、その禅定の心理の中に悪魔があらわれたり、あるいは佛菩薩が現れたりして、行者の心を惑乱する。もし行者が、そのような心的体験が真の三昧であると思うならば、それは禅定の本道を踏みはずしたものであり、佛教の悟りからはずれることを警告する一節である。

魔事に陥る行為は、善根力のない人にある。善根力がないと、止（静止の行）を修しているうちに、魔や外道、鬼神などのために悩乱されることになる。その惑乱とは何かというと、行者が禅定を修し、心を集中している時に、突然彼らが形を現わして、行者を恐怖させる。あるいは逆に美しい男女の像を現わして、誘惑させる。しかしそれらは、禅定中の心の現わし出した影像にすぎない。それは自心の現われであるから、一切は心のみであることを念ずべきである。唯心を念ずれば、それらの魔境は消え去って、再び行者を悩ますことはない。魔事には悪魔の形相をとるものだけでなく、天人の像、菩薩の像、如来の像をとって現われるものもある。そして陀羅尼を説いたり、布施、持戒などの六波羅蜜を説いたり、あるいは平等、空・無相・無願の三三昧、あるいは怨みを捨てること、父もなく母もない、因もなく果もないなどの因果の否定、あるいは灰身滅智の畢竟寂滅などが真の涅槃であると説いて、行者を惑わすのである。
あるいは魔事には、行者に神通力を得しめるものもある。すなわち過去の生存を知る宿命通、未来を知る通力、他心智通、弁才無礙など、不思議な力を得しめる魔事もある。これらの通力を得て、行者は世間の賞讃や利養を獲得する。そしてそれに貪著して、修行の正道を踏みはずしてしまう。これは悪魔の誘惑に陥ったすがたである。あるいはまた行者は魔の力に惑わされて心が乱れ、瞋ったと思えば突然喜んだりして、感情の起伏が激しく、性格が一定しない、あるいは極端に慈愛の心を起こし、あるいは多く睡り、あるいは病身になり、怠惰な心に陥る。あるいは急に精進努力したり、その後急にやめたり、不信を生じて、疑い深く、考え深くなったりする。あるいはもとからの正しい止の修行を捨てて、別の雑業を修したりする。」以下略
「以上の如く、止（禅定）を修するには種々の魔事があるから、行者はこのよ

うな魔の誘惑に陥らないように、常に智慧をもって観察し、禅定体験の真と偽とを見分けることに注意し、自己の心を魔の邪網に捕えしめてはならない。そして常に注意力によって、心を正念に住せしめ、勝れた禅定体験が現われても、それを真理として取らず、執着しないならば、これらの禅魔の業の障りを免れることができるであろう。」このように平川博士は解説しておられます。

右の起信論の忠告の文は、本来迷う者でも、まじめに努力している者でも起る魔事として忠告されている尊い教えであるから、首《はじ》めから詐意ある者は見向きもしないだろうと思います。

後　記

高野山真言宗の大阿闍梨大僧正織田隆弘《おだりゅうこう》師（大正三年―平成五年）は密教の「加持」によって多くの人々を救済すると共に、それまで難行と考えられてきた密教を在家の立場で学び実践しようという趣旨で昭和五十二年に密門会を創立、密門会会報、月刊「多聞」は同年七月の創刊号発行以来、平成二十七年九月現在、四六〇号を迎えている。

本書は三章に分かれる。

第一章には、織田隆弘師が会報「多聞」に遺された巻頭言のうち、昭和五十年代に執筆されたものから精選して収める。

各編、巻頭言という性格上、まとまりよく、読みやすくなっている。信仰生活、修行の心がまえ・密教の教理・英霊供養から教育問題まで、話題は多岐におよび、文章は真率で誠実。蒙を啓《ひら》かんという仏心が行間に滲む。

章のタイトル「遍照に帰命してゆるがず」は、章末に置いた「南無大師遍照金剛」中から引用した。ここには大師宝号がそのまま大日如来に帰命する真言であるとする、あざやかな釈が示されている。


第二章は「懺悔滅罪」。これは絶版となっている『密教生活（旧題「日本再生の鍵」）』からの抜粋。懺悔の生活の大事が真摯に綴られるこのくだりは、埋もれたままになってしまうのは惜しく、ここに再録した。

隆弘師は、信者さんと勤行をする際、勤行次第の冒頭の懺悔文を通常の七遍のみで終わらせることなく、常に十数分間に及ぶ程の数をとなえさせていた。ことほどさように隆弘師は「懺悔」に重きをおいていたのである。

懺悔の話から、さらに「破邪」の剣も揮《ふる》われる。

「先祖の霊が迷っているから供養せよ」などと、しばしば教えるのが新興教団の実態のようだが、それは〈自身の〝迷い〟を忘れている〉のであり〈なんでも先祖の罪にして、自分は立派な者なのだから、被害者だと思わせるような教えは果たして正しい仏教でありましょうか。ご利益や証を求める前に深い懺悔心がなければ現世の救いはありません〉と、正統仏教の堂々たる智見が述べられるのである。

第三章は「正しい仏教」。破邪顕正ということは隆弘師の布教活動の中で大きなウェートを占めていた。二一八頁に〈私は高野山修行時代には、不動明王の信仰にて、不動明王の破邪の三昧を修してきました〉とある。これが隆弘師の破邪の精神の淵源であろうが、師は似非密教が世に跋扈することを座視できず、昭和五十八年に『密教宝庫を開く』を江湖に送り、邪説に迷い苦悩する多くの人の目を覚まさせたのである。同書はその役目を終え絶版となっているが、ここに、その前半の一部を再録し、第三章とした。
正しい教えを顕し示すことが、そのまま邪説を破ることになる。そのよい例が、二二六頁、僧の不法の生活を戒める「五邪命」、そして掉尾の『大乗起信論』が明かす「魔事」である。これらを指針とし、仏教の正道を踏み外すことのないよう、僧俗ともども、よくよく心しなければならない。

隆弘師は、ご自身の著述について、
〈学者ではないし、まさか本は書けまいと思ったのが何冊も本を出せるようになったのは、一度鉛筆を握り、頭に浮かぶことを一気に書けるからです。それは長い間の疑問を解くべく考え抜いていたので、真言行の中でハッと気のつくことが多かったからです〉と述べている（一一八頁）。
隆弘師の机の引き出しの中には、鉛筆による多くの下書き原稿が残されていて、たしかにその筆跡は着想が奔出して書きとめるのが追いつかないという体のものだった（故に、編集部の文責で、師の言い足りなかった部分を最小限補足訂正している）。

それを可能にしたのは、真成院住職としての戦後の大きな事業の一つであった四谷霊廟を完成させ一段落つき〈何よりも朝夕の修法に専注できる〉ようになり〈静慮の中から仏智が生まれ〉たことにあり、〈学力・学歴・土台になる教養〉にあるのではない、と自ら明かしている。これはきわめて興味深いことなのだが、一方で、師は高野山での修行時代、〈一心に正純密教の大学講義に集中し、根本経典から得る菩提の道と衆生済度のよき教理が聞かれるように努力し〉〈唯《ただ》一心に修行心が怠けないように努め、講義のノート整理を日々行なった〉ことも書き記しているのであり、そういう真言宗の正統教学の並々ならぬひたむきな吸収が、後年大きく結実しているということも忘れるべきではない。

最後に、本書のタイトル「私の信じる真言の教え」は、二六頁中から取った。

その教えとは、自力聖道の上根上智の人格者になる教えではなく、凡身の自覚に目覚めること（すなわち懺悔）、〈そしてこの自力の及ばざる者に、絶対慈悲を与えられておるという教えであり、この教えを信じ持す外はないのです〉と隆弘師は書かれているのである。

この領解《りょうげ》こそ、師が掴みとった「真言易行道」の要諦ではないだろうか。

今年十二月三十一日は織田隆弘師の二十三回忌になる。

師の説法は、なおも力強く続いている。

編集部

平成二十七年九月十八日

※織田隆弘師の法話は、単行本以外にも密門会の機関誌『多聞』に掲載されているものが多数あります。『多聞』バックナンバーの合本が密門会出版部から刊行されていますので、お読み下さい。入手のお問い合わせは、左記までお願い致します。

〒一六〇―〇〇一一
東京都新宿区若葉二―七―八　真成院内
密門会出版部
電　話　〇三―三三五一―七二八一
ＦＡＸ　〇三―五三六二―七〇八七
http://homepage3.nifty.com/mitsumonkai/

織田・隆弘（おだ・りゅうこう）略歴

大正３年２月７日　青森県弘前市生
昭和９年　高野山に入道
昭和13年　高野山大学選科修了
昭和14年　大覚寺、事相研究生
昭和15年　虚空蔵求聞持法成満
昭和16年　東京、金鶏山真成院住職
昭和22年　高野山青森別院創建
昭和47年　真成院復興、四谷霊廟完成
昭和49年　高野山学修灌頂入檀（大阿闍梨）
昭和50年　四谷霊廟内に瑜伽道場（真言禅）開設
昭和52年　密門会を創立し会報月刊「多聞」創刊
昭和59年　青森市に昭和大仏建立
昭和60年　大阪加持道場開設
平成４年　青森青龍寺金堂建立、五重塔建立発願
平成５年12月　遷化
平成８年10月10日　五重塔落成
（主な著書）
難病を救う真言密教（S.48）
密教祈禱の秘密（S.50）
親鸞と密教の核心（S.53）
信仰に迷わぬ百問答（S.59）
密教の門（S.62）
密教は神々をも救う（S.62）
密教問答（上・下）（H.7）
加持の説法（H.17）
加持を語る（H.26）他

私の信じる真言の教え
著　者　織　田　隆　弘
発　行　平成27年12月8日
発行人　織　田　隆　深
発行所　密門会出版部
〒160-0011東京都新宿区若葉2-7-8　真成院
電話　03-3351-7281　FAX　03-5362-7087
定　価：本体1,000円＋税
印刷所　モリモト印刷　株式会社

ISBN978-4-905757-46-7 C0015